Anton Stiegele · Deutsches Dorf im Weltkrieg

ANTON STIEGELE

Deutsches Dorf im Weltkrieg

München und Berlin 1934
Druck und Verlag von R. Oldenbourg

Hinter dem breiten Wald, abseits vom lauten Leben, ging ein deutsches Dorf, kaum zweihundert Menschen fassend, Jahr für Jahr in ruhiger Sicherheit durch seinen Arbeitstag und seinen Feierabend.

Der 31. Juli 1914 machte diesem glücklichen Abseits mit einem Schlag ein Ende. Der Ruf des Volkes erging an seine fernsten Söhne. Krieg und Dorf traten in ein schmerzlich ungleiches Verhältnis: das Dorf nährte den Krieg mit Mann und Brot, der Krieg griff ins Dorf zurück mit Not und Tod.

Dies Verhältnis wollen die nachfolgenden Aufzeichnungen, mitten im Geschehen niedergeschrieben, unverfälscht und im einzelnen festhalten. Dem Wahrheitsgehalt der Kriegsvorstellung wird es zugute kommen, wenn der Krieg nicht nur vom Standpunkt des Heroischen sondern auch von der Ebene einfachen Volksempfindens aus gesehen wird.

Das Dorf, dem die Aufzeichnungen entstammen, liegt im Schwäbischen, im Ulmer Winkel; es heißt Silheim. Doch Namen sind gleichgültig. Was hier geschah, spielte sich in jedem deutschen Dorf ab.

Gewidmet seien diese Blätter jenem „Unbekannten Soldaten" des deutschen Dorfes, von dem hier manche Zeile kündet, der in schlichter Selbstverständlichkeit, mit bäuerlicher Anspruchslosigkeit, Festigkeit und Zähigkeit die ihm auferlegte Kriegsarbeit tat ohne Heldenpose, ohne flüchtige Begeisterung, ohne große Worte, der Held war, ohne es zu wissen und zu wollen.

31. Juli 1914. Ein köstlicher Sommerabend. Die Witterung richtet sich für den Erntebeginn her. Nach heißem Tag erquickt uns kühle, feuchte Abendluft; sie streicht über die üppigen Getreidefelder, an die heuer noch keine Sense rührte. Feierabend überall...

Mitten in diesen Abendfrieden tönt schrill die Schelle des Gemeindedieners, zu so später Stunde — es ist halb neun — etwas ganz Außergewöhnliches. Alle Ruhe und Beschaulichkeit schwindet aus den Gesichtern, ein Schreck fährt in alle Menschen, denn ein jeder weiß: das bedeutet Unheil! Zwar schreiben die Zeitungen schon eine Woche lang von drohender Kriegsgefahr, aber wenige nur glaubten an den Ernst der Lage. Erlebten wir doch solche Spannungen öfters die letzten Jahre her, ohne daß es zum Kriege kam. Nun aber steht wirklich der Unglücksbote da, hält ein Telegrammblatt in zitternden Händen und stößt in voller Aufregung das Wort

„Kriegszustand"

hervor.

1. August 1914. Heute, Samstag, alles ruhig. Die Erntearbeiten beginnen. Der Tag, der über Völkerschicksale entscheidet, vergeht auf dem Dorfe in stummer Arbeit. In die Sensenhiebe aber mischen sich sorgende, bohrende Gedanken, und das Niederbücken und Aufrichten der Sammlerinnen gleicht dem unsteten Auf und Ab ihrer Hoffnungen und Befürchtungen. Wie aber das ganze Dorf schon in Ruhe liegt, reißt die Gemeindeglocke nachts zehn Uhr die Schläfer aus den Betten an die Fenster. All ihr Hoffen war Trug:

„Mobilmachung befohlen; erster Mobilmachungstag 2. August 1914".

Niemand kommt auf die Straße; alles bleibt ruhig. Aber drinnen in der Kammer, da sitzt manches Weib an ihres Mannes Seite und weint, und manche Mutter beginnt den Gedanken in sich hineinzuarbeiten, daß sie ihren Sohn verlieren könnte. Und in der Wirtschaft sitzt ein Tisch solcher, die es trifft, beisammen und zerdrückt die innere Unruhe durch ein kräftiges Soldatenlied.

2. August 1914. Morgens sechs Uhr gehe ich zum Bürgermeister, um mit ihm die Mobilmachungsgeschäfte in Angriff zu nehmen. Zwecks Fertigstellung der Pferdelisten müssen wir in einige Ställe. Die Müllerin jammert um ihre Rosse und um ihre Buben, von denen der jüngste dazu noch in Frankreich in Stellung ist.

Und dann der Sonntagsgottesdienst! Alles Kleinliche und Alltägliche, das in gewöhnlichen Zeiten auch vor der Kirchentür nicht haltmacht, ist heute abwesend. Feierlicher Ernst lagert über den Häuptern der Gläubigen, die in dieser Stunde zum letztenmal vollzählig beisammen sind. Ein jeder macht sich innerlich bereit, das schwere Joch, das ihm das Schicksal auflegt, in Gottes Namen zu tragen. Und zum Schluß spielt die Orgel das Lied des Volkes, das Lied der Gemeinsamkeit in aller Not: „Deutschland, Deutschland über alles!" Die Akkorde füllen das Kirchlein, die Männer stehen stumm und hart, die Frauen weinen leise, der Priester kniet an den Stufen des Altars — ein gemeinsames Kräftesammeln für das, was bevorsteht.

3. August 1914. Der erste Krieger unseres Dorfes ist abgereist. Es ist der Mahlknecht. Am Sonntag machte er beim Bürgermeister noch sein Testament und trank im Wirtshaus auf Vorrat; denn im Feld werde es wohl kein Bier mehr geben, meinte er.

Heute morgen tauchte wie aus den Wolken gefallen Müllers jüngster Sohn auf. Er war in Südfrankreich als Kaufmann und hatte gerade noch den letzten Schnellzug in die Schweiz erwischt. Nun fährt er mittags nach München, um sich bei seinem Truppenteil zu stellen.

Der dritte Scheidende, der junge Klausenbauer, rückt voller Mut und Zuversicht ab.

4. August 1914. Der Dorfschmied arbeitete gestern noch bis in die Nacht, richtete Brennholz her, schmiedete, fuhr Klee heim — nachts zwölf Uhr aber mußte er fort. Heute liegt die Schmiede öde; die Schmiedin zog mit ihren zwei Kindern und ihren zwei Kühen zu ihren Eltern.

Der Wagner ist seit kurzem Witwer. Die zwei Kinder, die er von seinen sechsen noch zuhause hatte, gab er in die Obhut von Bekannten, sperrte Werkstatt und Haustüre ab — und nun geht's ins Feld. Er nimmt einen jungen Verzagten mit sich, eine friedliche Landmannsnatur ohne kriegerischen Sinn: den mittleren Sohn des Boten.

5. August 1914. Die Landstraßen sind vielfach bewacht in diesen Tagen. An allen Dorfausgängen sitzen Straßenwächter mit Gewehr und fordern Ausweis. Es sollen russische Agenten im Land sein, die in Autos oder auf Fahrrädern, verkleidet als Maurer, Geld von Frankreich über die Grenze nach Rußland bringen wollen. Volk und Behörden sind voller Unruhe, die harmlosesten Leute werden für russische Goldschmuggler gehalten, durch aufgeregtes Schießen ist manches Unglück geschehen. Auch wir in Silheim werden spät abends noch alarmiert. Wir müssen Nachtwachen stellen. Über die Straße werden Leiterwagen gestellt, einige Burschen wachen dabei und machen grimmige Augen.

Die vorläufig letzten Einrückenden verabschieden sich: der Straßenwärter, der als Vizefeldwebel zur Infanterie einrückt, und der älteste Sohn des Boten, der Unteroffizier bei der Kavallerie ist. Abseits im Dunkel steht sein Mädchen, dem er noch den Abschied geben muß in der Mondnacht:

„Nun adjö Lowise, wisch ab das Gesicht,
eine jede Kugel, die trifft ja nicht!"

Auch ein Söldner mit sieben Kindern muß heute gehen. Durch staatliche Unterstützung wird seine Familie vor Not geschützt sein.

6. August 1914. Pferdeaushebung. Früh fünf Uhr Abmarsch nach Neu-Ulm. Es werden zehn Pferde, das ist mehr als die Hälfte des ganzen Dorfbestandes, zurückbehalten und mit je 800—1200 Mark bezahlt. Schimmel werden wegen ihrer auffallenden Farbe nicht übernommen. Unser größter Bauer hat nun — jetzt, zur Zeit der Ernte — nur noch einen zweijährigen Gaul und muß mit entlehnten Ochsen ins Feld fahren.
Heute kommt die Nachricht, daß auch England den Krieg an uns erklärt hat und daß Italien, unser Bundesgenosse, neutral bleiben wird. Zwei schwere Schläge für die, die von außen her Hilfe erwarteten. Sie geben ihre Hoffnungen auch jetzt noch nicht auf und rechnen—besonders die Bauersfrauen—auf Japan und Amerika!

9. August 1914. Die Garnison Neu-Ulm benötigt täglich eine große Zahl Gespanne, um Lebens- und Futtermittel von den Bahnhöfen in die Lager zu führen. Heute mußten fünf Fuhrwerke aus unserer Gemeinde in Neu-Ulm Dienst tun. Bis vom Günz- und Kammeltal fahren solche Fuhrwerke durch Silheim; manche müssen zu acht- bis vierzehntägigem Arbeitsdienst in Neu-Ulm bleiben.
Nachmittags war ich in der Bahnstation Unterfahlheim, um allen-

falls nach Ulm zu fahren. Die Zugsverbindungen sind aber so unsicher, daß ich die Fahrt unterließ. Zivilisten können in den ohne Fahrplan verkehrenden Militärzügen nur mitfahren, wenn noch Plätze frei sind. Nur ein paar Züge richten sich nach einem Mobilmachungsfahrplan; sie gehören aber in erster Linie für die Einrückenden.

Die ganze Umgebung von Neu-Ulm hat Einquartierung. In Unterfahlheim liegen alte, dicke Landwehrleute in nagelneuen feldgrauen Uniformen und rohledernen Stiefeln; sie warten samt ihren schweren, schon aufgesattelten und eingeschirrten Bauerngäulen auf die Abfahrt nach dem Westen. Ihre Frauen und Kinder sind noch hergefahren, um den letzten Sonntag mit ihnen zu verleben. Viel Sorge, viel Schatten liegt auf den Mienen der Frauen; und auch manch ein Mann schaut nachdenklich in die Zukunft.

Ein Truppenzug, fürs Feld bestimmt, fährt durch die Station: ein jeder Wagen mit frischem Grün geschmückt, zuerst Pferde, dann Maschinengewehre, zuletzt die Mannschaften. In langsamer Fahrt, unter Winken und Zurufen, gleitet der Zug weiter.

11. August 1914. Gestern tauchte plötzlich das Gesicht des Wagners wieder auf. Er war in Speyer im Quartier gelegen, wurde aber wegen Überfüllung wieder in die Heimat beurlaubt. Er erzählt von großer Begeisterung und ruhiger Siegesgewißheit der Grenzbevölkerung, nichts von Jammer wegen der Quartierlasten, nichts von Furcht vor dem möglichen Eindringen des Feindes. Auch weiß er von einem kühnen Gerücht, daß ein Kanal vom Rhein nach Belfort geleitet werden solle, um die Festung zu überschwemmen. Der Glaube daran wird bestärkt, da in Ulm große Mengen Zement verladen werden.

Die aufgeregte Zeit ist überhaupt der fruchtbarste Boden für Gerüchte. Niemand weiß, woher sie kommen, und doch begegnet man ihnen überall: in der Eisenbahn, im Nachbardorf, in der Stadt, sogar in der Zeitung. Ein jedes, es darf noch so gruselig sein, findet gläubige Menschen. Am ersten Mobilmachungstag schon wußte man in Silheim, daß in Paris die Revolution ausgebrochen sei und die Stadt an allen vier Ecken brenne. Dann kamen die Brunnenvergiftungen: von überallher zog die Kunde, die Wasserleitungen seien mit Krankheitserregern verseucht worden. Dann die Spione: immer wieder erzählt man sich, ein Ulmer Kaufmann mit tschechischem Namen habe Brieftauben nach Rußland abgelassen und sei deswegen erschossen worden; und wenn heute einer aus Ulm kommt und bezeugt, er sei im betreffenden Laden gewesen und habe den Kaufmann mit eigenen Augen gesehen, so kommt morgen ein anderer und versichert, daß er nun mit noch zehn anderen Spionen ganz bestimmt in aller Frühe auf der Wilhelmsburg erschossen worden sei. Oder die Geschichte vom alten Generalfeldmarschall Graf Häseler, der von 1870/71 her noch im Volke lebt: er soll dem Kaiser in die Hand versprochen haben, mit 50000 Mann Paris zu erobern, und bereits auf dem Wege dorthin sein. Das Drolligste aber ist folgendes. Fährt da kürzlich in der Nacht ein Leiterwagen durchs Dorf. Am andern Morgen wird allen Ernstes erzählt, auf dem Wagen seien, auf Stroh gebettet, Soldaten aus der Nachbargemeinde gelegen, die vor Paris verwundet und nun in ihre Heimat zurückgebracht worden seien. So sehr sind die Menschen aus dem Geleise ihrer Gedanken geworfen, daß sie sogar dieses Märchen glauben.

13. August 1914. Ulm bietet jetzt das Bild eines Ameisenhaufens, dem die Ameisen unaufhörlich neue Nadeln zutragen. Eine un-

gezählte Menge Arbeiter und Soldaten ist mit Schaufel und Pikkel am Werk, um die äußere Festung kugelfest zu machen. Die Forts werden armiert. Die Leute fragen sich, wozu dies nötig ist, ob der Feind bis zu uns vordringe.

Die Stadt selbst steht immer noch im Zeichen der Mobilmachung. Reservisten werden gruppenweise, ihre Uniformen am Arm, in die Quartiere geführt, Munitionswagen fahren zur Bahn, die jungen Freiwilligen mit ihren Drillichanzügen marschieren zum Baden, auf der Friedrichsau werden einige Landwehrkompagnien exerziert und neu vom Lande gekommene Reitpferde in militärische Zucht genommen. Die Zwölferkaserne in Neu-Ulm wimmelt von Soldaten des Ersatzbataillons; das 12. Friedensregiment sowie das 12. Reserve- und 12. Landwehrregiment stehen bereits im Felde.

16. August. Unsere Silheimer stehen zum Teil schon vor dem Feind. Der Mahlknecht war Teilnehmer bei der Schlacht von Mülhausen. Er schreibt, daß er sich das Kriegen nicht so schlimm vorgestellt habe, wie es ist. Ganze Dörfer seien vernichtet worden, weil sich die Bevölkerung hinterrücks am Gefecht beteiligt und manchen deutschen Soldaten ermordet habe. Die Zeitungen melden auch aus Belgien solche Greueltaten.

Gestern rückte der erste Ersatzreservist aus unserer Gemeinde zur Ausbildung ein.

18. August 1914. Die vom Arbeitsamt vermittelten Erntearbeiter aus München — Industriearbeiter, die früher auf dem Lande arbeiteten — berichten von großen deutschen Verlusten bei Mülhausen. Amtliche Verlustlisten sind noch nicht erschienen, auch sonst fließen die Kriegsberichte sehr spärlich, so daß das Volk auf Ver-

mutungen angewiesen ist. Am Sonntag ist der Kaiser gegen Mainz abgereist; daraus schließt man auf baldige größere Ereignisse.

21. August 1914. Heute scheidet noch der Bürgermeister unserer Gemeinde. Er ist Pionier. Seine Familie zählt sieben Kinder.
Die Ernte ist größtenteils beendet dank des herrlichen Wetters und trotz des Leute- und Pferdemangels. Außergewöhnliche Zeiten entbinden außergewöhnliche Kräfte.

22. August 1914. Die Zeitungen bringen Nachrichten von großen Schlachten zwischen Metz und den Vogesen. Brüssel wurde von deutschen Truppen besetzt.
Eine Haussammlung für das Rote Kreuz ergab hier 116 Mark.

25. August 1914. Durch Neu-Ulm fahren viele Gefangene aus Frankreich. Augenzeugen berichten von ihrem schlampigen Aufzug und ihren anstößigen Manieren.

27. August 1914. Die Festung Namur in Belgien ist gefallen! Man spricht von staunenswerten Leistungen unserer 42-cm-Geschütze. In Ostpreußen aber marschieren die Russen ein. Die betroffene Bevölkerung läßt alles stehen und flüchtet nach Berlin, wo die Zahl der Notleidenden ohnehin schon groß ist.

28. August 1914. Die Zeitungen bringen eine lange bayerische Verlustliste. Und doch ist sie nur ein Punkt aufs i gegenüber der wirklichen Zahl der Gefallenen. So werden jetzt in jeden Siegesjubel die Wermutstropfen fallen. Auch unser Mahlknecht soll schwer verwundet sein.

29. August 1914. Der Wartesaal in Unterfahlheim ist in ein Wachlokal umgewandelt für die von den umliegenden Gemeinden ab-

zustellenden Posten, die den Bahnkörper gegen böswillige Zerstörungen zu schützen haben.

Aus unserem Nachbardorf vernehmen wir Böllerschüsse. Die sehnlichst erwartete Zeitung bringt: Zurückwerfen der Franzosen und Engländer auf der ganzen Linie von den Vogesen bis Belgien. Bei dieser Nachricht spüren wir, daß vor dem Ansturm der deutschen Soldaten nichts bestehen kann, und wir werden zuversichtlich. Und noch eine gute Zeitung: eine siegreiche Russenschlacht gegen fünf Armeekorps, die bis Ortelsburg vorgedrungen waren.

30. August 1914. Der ungediente Landsturm ersten Aufgebots ist aufgerufen, sich zur Stammrolle zu melden. Dahier kommen fünf Männer in Betracht.

Die Bauern fahren bei günstigstem Wetter vorzügliches Grummet ein. Pferde sieht man nicht mehr viel, die Bauern spannen Ochsen ein.

Die Fleischpreise sind nicht gestiegen: ein Pfund Kalbfleisch kostet 80 Pfg., Rind- und Schweinefleisch 85 Pfg. Weißbrot hat etwas aufgeschlagen: eine Semmel kostet 3 (früher 2½) Pfg. Viele Leute haben sich gleich bei Kriegsbeginn, die ganz Vorsichtigen schon in den letzten Friedenstagen, mit Lebensmittelvorräten versehen. Da die Kauflust für Textil- und Metallwaren gering ist, sind sie eher billiger als teurer geworden. Man sagt sich: Kommt der Feind ins Land, so kann man keine Waren, wohl aber Geld mit auf die Flucht nehmen.

Der Unterricht beginnt nach den Ferien gleichmäßig an allen Schulen des Bezirks am 18. Oktober.

Die Franzosen haben Lille geräumt, die Engländer wurden bei St. Quentin geschlagen; die Leute berechnen schon, daß unsere Truppen in einigen Tagen in Paris sein könnten!

31. August 1914. Die Grummeternte ist reichlich, so daß die Bauern ihr Jungvieh behalten können. Die Sorge des Bauern ist heute, da die Einfuhr aus dem Auslande aufgehört hat, zur Sorge des ganzen Volkes geworden. Es wird sich nun zeigen müssen, inwieweit unsere Landwirtschaft das Volk ernähren kann. Zur Zeit werden Merkblätter verteilt, worin der Landwirtschaftslehrer den Bauern verschiedene Ratschläge zur Mehrung und Streckung der Erträge erteilt, z. B. Stoppelfrucht zu bauen: Buchweizen, Senf. Das gehe nicht, sagen die Bauern, unsere Böden hielten es nicht aus, auch sei der Arbeit ohnehin schon zu viel. Dann: den Brotroggen bis zu einem Drittel mit Gerste zu mischen, so daß die Gerste mehr der Volksernährung als der Bierbrauerei zugute käme. Ferner: statt Weißbrot Schwarzbrot zu essen, weil Deutschland nicht Weizen-, sondern Roggenland ist. Und endlich: das Jungvieh zu behalten, statt es zu Schleuderpreisen an Händler abzugeben, welche sich als Armeelieferanten aufspielen.

1. September 1914. Heute erfahren wir Einzelheiten über die große Russenschlacht. General Hindenburg schlug die fünf Armeekorps fast bis zur Vernichtung. Er drängte sie an die masurischen Seen und Sümpfe, so daß sie nicht mehr auskonnten. Zuerst wurden 30000 Gefangene gemeldet, dann 70000; nur 1½ Korps konnten sich unter schweren Verlusten über die Grenze retten. Die Leute freuen sich über den Sieg, haben aber Besorgnis wegen der vielen Gefangenen, mit denen wir unser knappes Brot nun teilen sollen. Manche verirren sich sogar zu der Meinung, es wäre besser gewesen, die Gefangenen zu erschießen.

Ein Gesuch der Gemeinde um 1500 Mark Darlehen aus der Bezirkssparkasse zur Tilgung einer Brückenbauschuld wird wegen der

Kriegslage abgelehnt. Das Bezirksamt erklärt dazu, daß von der halben Million, die in unserem Distrikt für ausgehobene Pferde ausbezahlt wurde, nur 4000 Mark bei der Sparkasse angelegt worden seien. Die Bauern glauben eben, das Geld sei jetzt im Kasten am sichersten aufgehoben; auch besteht Abneigung gegen das viele Papiergeld, das seit Mobilmachung im Verkehr ist.

Neu-Ulm ist sehr belebt. Landwehrmänner marschieren mit ihren wildwachsenden Bärten in die Kaserne. Der Bahnhof ist militärisch abgesperrt. Eine Zuschauermenge in der Bahnhofstraße wartet ständig auf die Ankunft von Gefangenen- und Verwundetenzügen, deren täglich mehrere durchfahren. Überall herrscht Siegeszuversicht und gehobene Stimmung.

3. September 1914. Der gestrige Sedanstag fand eine Erinnerungstat. Zwischen Reims und Verdun wurden zehn vordringende feindliche Korps geschlagen. Unsere Nordarmee dringt unaufhaltsam gegen Paris vor; sie ist noch 60—80 km von der Hauptstadt entfernt.

4. September 1914. Die Feldpost arbeitet schlecht. Die Soldaten haben noch keine Nachricht ihrer Angehörigen erhalten, trotzdem diese fleißig schreiben.

Die nun häufig erscheinenden Verlustlisten weisen noch keinen Namen aus unserer Gegend auf. Unser Mahlknecht wurde totgesagt, das Gerücht hat sich aber nicht bestätigt. Der Wagner muß wieder einrücken.

5. September 1914. Der Sieg in Ostpreußen erweist sich immer noch umfangreicher in seiner Auswirkung. Als Ergebnis werden jetzt 90000 Gefangene und 516 erbeutete Kanonen gemeldet. Das

war eine Hermannsschlacht! Mit wenig Erfolg dagegen ringen seit einer Woche in Galizien die Österreicher gegen die Russen.

Im Westen sind Laon und La Fere übergeben; deutsche Reiter streifen vor Paris, deutsche Flieger werfen Bomben und Fähnchen auf die Straßen der französischen Hauptstadt. Die Regierung flüchtete, wie 1870, nach Bordeaux, nachdem sie den Parisern Mut zugesprochen hatte. Viele Leute glauben an baldige Beendigung des Krieges.

6. September 1914. Wie hat sich das sonntägliche Straßenbild Ulms gegen früher verändert! Die Straßen wimmeln von Menschen: Soldaten mit Frauen und Kindern, Soldaten mit Vätern, mit Müttern, junge Freiwillige mit Freunden in Zivil — alle möglichen Zusammenstellungen sind zu sehen, bei keiner aber fehlt der Soldat. Um ihn dreht sich jetzt alles. Er ist der geachtetste Mann im Volk. Die vornehmsten Frauen, die ihren Gatten in der Kaserne besuchten, unterhalten sich im Eisenbahnzug aufs liebenswürdigste mit einem in ihrer Nähe sitzenden Soldaten ohne Rang.

Auf dem Bahnhof herrscht unheimliches Gedränge, denn es verkehren nur vier Züge: morgens 6,25 Uhr und 12,25 Uhr, ebenso abends 6,25 Uhr und 12,25 Uhr. Meistens sind Frauen vertreten, die vielleicht zum letztenmal ihren Mann, ihren Bräutigam, ihren Sohn sehen wollten.

7. September 1914. Aus den ersten Nachrichten vom Felde einige Auszüge:

Alois Denzel, ein Sohn des Müllers, der von Norddeutschland aus, wo er in Stellung war, als Sanitäter einrückte und den Vormarsch gegen Paris mitmachte, schreibt: „St. Ingbert am 6. 8. 14.

Auf der Fahrt nach Paris in fröhlicher Stimmung. Wir bekommen eben durch das Rote Kreuz zum viertenmal zu essen ..." — „Bufferdanze am 16. 8. 14. Franzosen habe ich bis heute noch nicht gesehen. Bis jetzt macht das Ganze den Eindruck, als ob wir im Kaisermanöver wären, nur daß immer scharf geladen ist und wir ab und zu auf fremde Flieger schießen ..." — „In Belgien am 21. 8. 14. Bin bis heute noch gesund, aber sehr müde. Die letzten drei Tage unter tropischer Hitze sehr große Märsche gemacht, heute früh von 3 bis 5 Uhr das erstemal geschlafen ..." — „Bertrix am 24. 8. 14. Wir hatten von Samstag morgen bis Montag mittag eine große Schlacht, anfangs gegen doppelte Übermacht. In der größten Not erschien das 8. Armeekorps als rettender Engel. Unser Verbandplatz wurde plötzlich von Granat- und Schrapnellfeuer überschüttet; in größter Eile machten wir uns davon. Die Schwerverwundeten mußten wir zurücklassen; die, welche gehen konnten, mußten mit uns 5 km lang unter Geschoßhagel hindurch. Die Verstümmelungen und Verwundungen waren schrecklich. Am Samstag abends 9½ Uhr begann unsere Armee wieder vorzugehen; bis Montag mittag dauerte die Schlacht, wir sind während dieser Zeit 60—70 km vormarschiert. Nun eben einige Stunden Rast. Wir sind in einem feinen Hotel und trinken alle möglichen Sorten Weine, Schaumweine und Rum, wie's uns behagt ..." — „26. 8. 14. Den Feind zurückgeschlagen und große Eroberungen gemacht. Auf dem Marsch nach Paris ..." Max Zimmermann, der Schmiedmeister, der bei der Gaskolonne der Luftschifferabteilung dient, schreibt aus Sionville an seine Frau: „Vier Wochen bin ich von Euch fort, habe seitdem schon dreimal geschrieben, jedoch bis heute noch keine Antwort von Euch erhalten. Die französischen Flieger hatten es in den letzten Tagen sehr oft auf unsern Ballon abgesehen, jedoch ohne Erfolg. Wir schossen mit Gewehren und die Artillerie mit Geschützen auf sie, trafen aber keinen. Besser als wir trafen unsere Truppen vor dem Feinde, das beweisen die vielen Verwundeten und Gefangenen, die ständig an uns vorüberziehen. Eine Bitte: Sende mir doch etwas zum Rauchen! Es gibt hier nichts, bloß einmal im Tag Essen. Wenn der Feldzug noch lange dauert, kann ich auch noch Socken, Unterhemden und Unterhosen brauchen ..."

Wenn das Schicken so einfach wäre! Die Feldpost nimmt keine Pakete, sondern nur Feldpostbriefe bis zu 250 g Gewicht an. Wie soll nun da ein Hemd oder eine Unterhose befördert werden? Es sind nur leichte Sachen möglich, wie Socken, Pulswärmer, Zigarren.

8. September 1914. Es geht das Gerücht, auch Spanien habe uns den Krieg erklärt.

Die Österreicher mußten Lemberg den Russen überlassen. Im Westen dagegen ergab sich, wie ein alter Veteran von 1870/71 voll Freude im Dorf verkündet, die Festung Maubeuge mit 40000 Gefangenen. Das wird den in den letzten Tagen etwas trübe gewordenen Mut des Volkes wieder heben.

9. September 1914. Die Unterstützung, die den Familien von Kriegern auf Ansuchen gewährt wird, beträgt: für die Frau 9 Mark, für jedes Kind 6 Mark monatlich. Im Winter erhöht sich der Satz für die Frau um 3 Mark.

10. September 1914. Südöstlich von Paris soll eine große Schlacht begonnen haben; auch bei Lemberg wird neuerdings gekämpft. Vom Ausgang dieser beiden Unternehmungen wird vieles abhängen.

Eine Wäschesammlung fürs Rote Kreuz nahm guten Anfang. Die Leute bringen beste, meist neue Wäsche ins Schulhaus, darunter vieles aus selbstgesponnener Leinwand.

13. September 1914. Die Schulmädchen kommen, da es heute Sonntag ist, ins Schulhaus zum Stricken; die Großen stricken Socken, die Kleinen Pulswärmer für unsere Wäschesammlung. Die Gaben hierzu häufen sich zu erfreulichen Mengen, dabei das meiste aus guter alter Bauernleinwand. Wie muß es einem Verwundeten wohltun, wenn er in ein so kühles, sauberes Hemd schlüpft, und wie vertraut wird ihn das Leintuch aus der Heimat grüßen!
Eine Reichsanleihe zu 5% im Kurs von 97,5 ist ausgeschrieben. Unsere Bauern können sich vorerst nicht recht befreunden mit dieser Art Geldanlage.

14. September 1914. Landsturm-Musterung in Neu-Ulm. Der alte Major hält eine militärisch schneidige und doch warme Ansprache an seine „lieben Landsturmleute" und dann wird oberflächlich die Menge Leute durchgemustert. Die meisten werden tauglich.
Auf Straßen und Bahnhöfen Ulms begegnet man Verwundeten. Sie erzählen jedem, der etwas hören will. Der eine hat eine Schußwunde durch die linke Achsel, ist aber schon wieder munter und möchte bald wieder ins Feld; einem andern fehlt der Daumen, ein dritter wurde beim Sprung durchs Handgelenk geschossen; ein vierter trägt, in eine Leinenbinde eingewickelt, ein Seitengewehr, das er einem Franzosen, der ihn durch den Fuß geschossen, im Kampfe abgenommen hat.
Im Zug sitzen fünf Erkrankte, die von Luneville aus heimgeschickt wurden. Seit vier Tagen sind sie unterwegs. In gedrückter Stimmung berichten sie: die Deutschen gingen zurück, es sei unmöglich,

die Franzosen aus ihren Verschanzungen bei Toul zu vertreiben; die Verluste der Deutschen seien nicht geringer als die der Franzosen; im Elsaß und in Lothringen wolle niemand deutsch verstehen; auf einer Einöde hätten sie Wasser verlangt, es sei ihnen aber bedeutet worden, in der ganzen Gegend gebe es keines — danach hätten sie vor dem Haus einen mit Mist zugedeckten Ziehbrunnen gefunden.

Auch wir im Lande herinnen spüren, daß der Kampf nun schwer wird. Die Franzosen setzen in der Riesenschlacht bei Paris ihre letzten Kräfte ein, die Schlacht ist noch unentschieden. Die Österreicher mußten vor Lemberg auf der ganzen Linie weichen. Sollten die Russen nach Wien kommen?

15. September 1914. Die Feldpost arbeitet nun, nachdem anfangs die Briefe aus militärischen Gründen zurückgehalten worden sind, besser. Die Beförderung eines Briefes ins Feld dauert durchschnittlich eine Woche. Dem Übelstand, daß die Feldpost keine Pakete übernimmt, will nun dadurch abgeholfen werden, daß mit Lastautos oder gemieteten Eisenbahnwagen Liebesgaben für ein bestimmtes Regiment übersandt werden. Von Neu-Ulm geht diese Woche noch ein Wagen fürs 12. Infanterieregiment ab. Wir entschließen uns, einen Teil der gesammelten Wäschestücke bei dieser Gelegenheit mitzugeben, und packen zusammen: 27 Paar Socken, 5 Hemden, 2 Unterhosen, 20 Taschentücher, 2 Paar Pulswärmer und 50 Zigarren.

17. September 1914. Auf der Gänswiese in Ulm sind kriegsgefangene Franzosen in Holzbaracken untergebracht; der Platz ist mit 2½ Meter hohem Stacheldrahtzaun umringt. Der Eindruck, den die Gefangenen machen, ist nicht so ungünstig, wie es die

Zeitungen darstellen. Sie sehen zwar in ihren weiten Hosen etwas schlampig aus, sind aber nicht weniger kräftig als unsere Soldaten. Die Spannung auf den Ausgang der großen Schlacht vor Paris ist aufs höchste gestiegen. Die amtlichen Berichte sind kurz und nüchtern, sie sagen nur, daß die Schlacht fortgehe und sich bis Verdun ausgedehnt habe.

18. September 1914. In drei Kisten geht die fürs Rote Kreuz gesammelte Wäsche nach Augsburg ab: 5 Kopfkissen, 17 Kissenüberzüge, 2 Bettüberzüge, 1 Strohsackhülle, 13 weiße Hemden, 13 weiße Leintücher, 7 wollene Bettücher, 33 Handtücher, 3 Paar Socken, 1 Taschentuch und ein Stück Leinwand. Nun soll auch noch für die ostpreußischen Flüchtlinge gesammelt werden.

Mit Ernst und Zuversicht, aber ohne Siegesgewißheit, warten wir Tag für Tag auf die erlösende Meldung aus dem Hauptquartier über den Ausgang des Ringens im Westen. Wir fühlen, daß dort die Entscheidung liegt.

Anton Joas, ein Sohn des Boten, liegt beim 12. Reserve-Infanterieregiment vor Toul. Er schreibt nach Hause: „Rauville bei Luneville am 9. 9. 14. Wir sind schon acht Tage auf dem gleichen Fleck, und es geht nicht vorwärts. Die schwere Fußartillerie schießt die Festung Toul zusammen, dann wird bald Schluß sein. Die Offiziere sagen, der Krieg soll noch drei Wochen dauern. Ich war gestern nachmittag in einem Dorf, welches ganz zusammengeschossen ist, um Vieh zu holen. Das Vieh läuft fast nur mehr im Freien umher. Wir erbeuteten zirka 50 Schafe, 10 Schweine, aber kein Rindvieh. Es war ein ganz netter Trieb für unser Bataillon. Heute gibt es Hammelfleisch mit Kartoffeln. An Fleisch fehlt es nie, nur Brot ist zu wenig da. Jetzt denke ich oft, wenn ich nur eine gute Mehlspeise hätte zur Abwechslung! Denn immer Fleisch, mittags und abends, alle Tage, das ist zu viel. Morgens gibt es Kaffee, untertags manchmal Tee. Obst haben wir ungemein viel, hauptsächlich Zwetschgen und gelbe Pflaumen. Ich koche mir nun gleich einen Feldkessel voll Zwetschgen. Sie sind wohl noch nicht ganz reif, aber ich nehme halt etwas mehr Zucker dazu. Geld habe ich bisher noch keinen Pfennig brauchen können, das hat bei uns so viel wie gar keinen Wert."

19. September 1914. Heute werden vom Westen Teilerfolge mit einigen tausend Gefangenen gemeldet, dazu der schwerwiegende Satz: „Die Mitte der deutschen Armee gewinnt langsam, aber sicher Boden." Deswegen wurde wohl geschossen und geläutet gestern in der Umgegend. Zum Jubel ist es aber zu früh! Kann man überhaupt — auch bei günstigem Ausgang — in laute Freude ausbrechen angesichts der Opfer auf beiden Seiten?

20. September 1914. Ernster, banger Sonntag. Er brachte kein Wort über den Verlauf der Kämpfe im Westen; der Zweifel am Gelingen beginnt zu nagen.

Die Kinder sind wieder beim Stricken im Schulhaus. Der Paramenten- und Burschenverein gaben zusammen 30 Mark, die Gemeinde 10 Mark für Wolle, so daß nun alle Hände stricken können, die guten Willens sind.

Die Zeitungen bringen die Verlustliste des 12. Regiments; sie enthält viele Krieger aus unserer Gegend.

Das Bezirksamt warnt die Bauern, zu junges Vieh zum Schlachten zu verkaufen, weil dadurch der künftige Fleischmarkt geschwächt wird.

21. September 1914. Die Leute sind in der Kirche, wie jeden Abend jetzt, und beten den Rosenkranz für unsere Krieger.

Die Elektrowerke erhalten nur mehr beschränkte Kohlenmengen, können daher nicht mehr so viel Strom abgeben wie bisher. Die Bauern sollen daher nicht alle gleichzeitig die Motoren benützen, sondern abwechseln; sie halten sich aber nicht daran.

22. September 1914. Die Heeresberichte bereiten darauf vor, daß die französische Schlacht in nächster Zeit nicht zur Entscheidung kommen wird.

Der Kreis Schwaben hat bereits 275000 Mark Sammelgelder an die Landessammelstelle abgeliefert.

23. September 1914. Vom Nachbardorf her schallen drei Schüsse. Ein deutsches Unterseeboot hat drei englische Panzerkreuzer vernichtet. Jede Niederlage der Engländer nimmt das Volk mit großer Genugtuung auf, weil sie ohne Not, nur aus kalter Berechnung in den Krieg eingegriffen haben.

Reims wurde von den Deutschen wieder geräumt. Damit wird offenbar, wie weit sie zurückweichen mußten während der letzten Kämpfe!

24. September 1914. Es war das Unterseeboot U 9 mit 25 Mann Besatzung, das mit drei Torpedoschüssen die drei englischen Kreuzer versenkte; die Schiffe sanken in 4—5 Minuten, 2000 Mann Besatzung gingen mit unter.

Auch ein Geldsieg — ist dieser Krieg doch auch ein Geldkrieg — ist in diesen Tagen errungen worden: die Reichsanleihe ergab eine Zeichnungssumme von 4½ Milliarden Mark.

25. September 1914. Seit mehr als 14 Tagen tobt die Schlacht im Westen, ein Ende ist nicht zu ahnen. So wird die Sorge um den Ausgang immer drückender, und es schleichen sich Gedanken ein, wie: Wenn wir verlören? Wenn die Farbigen aus Bengalen, Tunis, Marokko, wie sie Engländer und Franzosen herbeischleppen, deutschen Boden beträten?

27. September 1914. Eine Kartoffelsammlung für arme Familien des Bezirks, vorgenommen von Schulmädchen, ergab 7 Zentner. Die Reihe des Einrückens kommt nun an die 20jährigen Rekruten, die heuer ohnehin militärdienstpflichtig gewesen wären. Von hier trifft es zunächst zwei, den einen zur Fußartillerie, den andern zur Infanterie. Sie werden frische Kraft ins ermüdende Heer tragen. Die Feinde machen weit unten bei Bapaume schwere Angriffe zur Umfassung des rechten deutschen Flügels. Dagegen gelang es den Deutschen, zwischen Toul und Verdun ein Sperrforts — Camp des Romains — zu nehmen und die Maas zu überschreiten, um so auch ihrerseits den Feind im Rücken zu bedrohen.

30. September 1914. Die Bauern werden aufgefordert, ihren Haber ans Proviantamt zu liefern, da das Heer großen Bedarf hat.

Am Abend hören wir aus der Nachbarschaft fünf Böllerschüsse. Wir lauschen und zählen, um aus der Zahl die Wichtigkeit des Ereignisses zu ermessen.

1. Oktober 1914. Der Böllerschütze des Nachbardorfes hat wenig Urteilskraft; seine Schüsse galten einem fürs Ganze unwichtigen Ereignis: der Kreuzer „Emden" hat im Indischen Ozean wieder einige englische Transportschiffe versenkt.

In Galizien müssen deutsche Truppen den Österreichern zu Hilfe kommen. Rumänien droht umzufallen.

Alois Denzel liegt vor Reims. Er schreibt von schweren verlustreichen Kämpfen. „Unser Gegner hat fast uneinnehmbare Stellungen. Unser Regiment ist heute von der Feuerlinie zurückgezogen worden und hat somit den ersten Ruhetag während des ganzen Feldzugs."

4. Oktober 1914. Viele Leute können die Kriegsereignisse nicht richtig bewerten; ein kleines Gefecht nehmen sie für eine große Schlacht und den Fall eines Forts für die Übergabe der ganzen Festung. So erzählt heute einer, in Ulm sei angeschlagen, die Österreicher hätten die Russen völlig besiegt und aus dem Land vertrieben und im Westen seien die Franzosen gehörig geschlagen worden. In Wirklichkeit schlugen die Österreicher 1½ russische Brigaden, die die Karpathen überschreiten wollten, zurück und in Frankreich wurden einige Stellungen der Franzosen genommen.

7. Oktober 1914. Pferdemusterung in Kadeltshofen. Wir haben nur mehr sechs Pferde zu stellen, die übrigen sind ohnehin schon kriegsunbrauchbar. Von den sechsen wird eines tauglich befunden.

10. Oktober 1914. Böllerschießen — ungewöhnlich oft. Auf der Bahnstation, als der Zug einfährt, verkündet ein Reisender: Antwerpen ist gefallen! Damit ist der letzte belgische Widerstand im Rücken unseres Heeres gebrochen.

Die Gemeindekasse liefert 340 Mark Gold an die Rentamtskasse Neu-Ulm zum Umtausch gegen Papiergeld ab; das Reich ruft danach zur Stärkung seines Goldgrundstocks.

Das erste bayerische Armeekorps wurde nun von der lothringischen Grenze weg nach Nordfrankreich verschoben; die Front reicht dort jetzt bis ans Meer.

Die Russen sind wieder in Ostpreußen eingedrungen. Hindenburg wird schon kommen!

11. Oktober 1914. Einige Feldpostbriefe von Andreas Ebner geben Auskunft über die bisherigen Kämpfe eines unserer Heimatregimenter, des 12. Reserveregiments, das anfangs in Lothringen stand und nun nach Nordfrankreich verlegt wurde.

„Blemery, 25. 8. 1914. Wir liegen zur Zeit vor Luneville im Kampf mit dem letzten Fort, die andern sind bereits gefallen. Heute nacht soll der Sturm beginnen. Die letzte Woche hatten wir mehrere schwere Gefechte mit den Zuaven und Franzosen; sie wurden überall zurückgeschlagen, es kostete aber viel Blut. Unser Regiment verlor 500 Mann. Alarm! Lebt wohl!"

„Vor Toul, 4. 9. 1914. Liebe Schwester! Soeben komme ich von der ersten Belagerungslinie zurück. Wir trieben die Franzmänner über die Vogesen zurück, jetzt haben sie sich in Toul festgesetzt. Die erste feindliche Fortslinie soll heute nacht gestürmt werden, wir haben schon die Handgranaten in den Taschen. Das Elend in dieser Gegend ist groß. Die Einwohner schießen auf Patrouillen und kleine Abteilungen, was zur Folge hat, daß ganze Ortschaften niedergebrannt werden. Zum Schreiben gibt es wenig Zeit; meistens sind wir so müde, daß wir umfallen und einschlafen. 6. 9. 1914. Gestern hatten wir wieder ein schweres Gefecht mit den Turkos und Zuaven. Die Kerle haben nicht viel Schneid und gehen dem offenen Kampf aus dem Wege. Hier gibt es viele große Wälder, da legen sie sich in Hinterhalt, und bis man zu ihnen herankommt, sind sie auf und davon. Wenn Du mir einen Dienst erweisen willst, so schicke mir ein kleines Kästchen Zigarren und ein Paar gute Socken. Aber bald abschicken, da die Sachen sehr lang brauchen; ich bekam gestern erst einen Brief vom 5. August. Nun leb wohl, und sollte ich im Feldzuge fallen, so bewahre mir ein gutes Andenken, ich bin für eine gute Sache gefallen. Die Schrift mußt du entschuldigen, ich schreibe auf dem Erdboden."

„Chateau—Salins, 20. 9. 1914. Ihr könnt Euch meine Freude denken, als ich den Brief und die Zigarren erhielt. So eine Zigarre ist ein Hochgenuß, wenn man Tag und Nacht im Schützengraben steht. Wir liegen zur Zeit in Verteidigungsstellung bei Nancy, dürfen nicht vor und nicht zurück und müssen jeden Tag den schönsten Geschoßhagel über uns ergehen lassen. Vermutlich sind die Hauptstreitkräfte nach Norden abgegangen."

12. Oktober 1914. Die Schlacht in Frankreich dauert nun einen Monat. Unsere Krieger lassen nichts hören, die Post wird wohl wieder zurückgehalten. Alles glaubt, daß die Entscheidung bald fallen müsse.

Die Böllerschüsse des heutigen Morgens galten keinem Sieg, sondern waren der letzte Gruß der Heimatgemeinden an ihre gefallenen Söhne, für die Trauergottesdienste veranstaltet wurden. Wie viele solcher Feiern sind wohl täglich im weiten deutschen Land?

14. Oktober 1914. Der bunte Herbst liegt auf Tal und Höhen. Die Sonne arbeitet sich durch die Morgennebel und vergoldet die Landschaft, Weideglocken läuten im Wiesengrund, der Rauch von Kartoffelfeuern zieht stundenweit durch die klare Luft und verbreitet Herbstgeruch. Bilder des Friedens: was wollen sie heute, wo wir

an zerstampfte Schlachtfelder und zertretene Getreidehalme denken müssen, wo unsere Herzen in Krankenhäusern und unsere Augen auf Landkarten von Kriegsschauplätzen weilen? Wir stehen vor großen Entscheidungen im Westen und Osten.

15. Oktober 1914. Die Bauern werden zum zweitenmal aufgefordert, Haber und Weizen an das Proviantamt zu bringen. Solch allgemeine Aufforderungen haben indes wenig Wirkung, da verläßt sich einer auf den andern.

17. Oktober 1914. Kirchweihsamstag. So mancher Krieger wird heute an die vollen Fleischtöpfe der Heimat denken und an die beim Abschied gehegte Hoffnung, an Kirchweih wieder zu Hause zu sein.

19. Oktober 1914. Schulanfang. Wir lesen das Gedicht: „Treue Liebe bis zum Grabe schwör ich dir mit Herz und Hand, was ich bin und was ich habe, dank ich dir, mein Vaterland!"

Alois Denzel schreibt aus Fresnoy am 10. Oktober: „Seit sechs Tagen sind wir schon hier, und es geht sehr langsam vorwärts. Die Angriffe werden fast ausschließlich bei Nacht gemacht und jeder Angriff kostet immer größere Verluste. Unsere Schützengräben sind 400—800 Meter voneinander, und sobald einer bei Tag den Kopf herausstreckt, wird das Feuer eröffnet."

Joas Anton schreibt aus Arras, die Schützengräben seien dort nur 100 Meter gegeneinander, die Zuaven werden zum Angriff vorgeschickt, nur nachts werde Nahrung verteilt und Ablösung vorgenommen.

22. Oktober 1914. Getreidepreise: Weizen 14,50 Mark, Roggen 13,60 Mark, Haber 11,20 Mark, Gerste 11,50 Mark. Die Zeitungen erwägen die Frage, ob Höchstpreise zweckmäßig wären.

Kürzlich brachten die Zeitungen ein Wort des Kaisers zu den Soldaten: „Bis das Laub von den Bäumen fällt, seid ihr alle wieder zu Hause.“ Daran klammern sich nun die Frauen und hoffen bis Weihnachten sicher auf ein Ende. Auch gehen schon seit Kriegsbeginn Gerüchte von Kometen und allerlei Figuren am Himmel. Auch der hundertjährige Kalender schreibe den Krieg voraus und sage bis Weihnachten Frieden an. Die Leute glauben alles, je wunderbarer, desto lieber.

Ein Herbstflurgang zeigt die Felder im besten Zustand; alle Herbstarbeiten sind getan, die junge Saat sprießt schon wieder und die übrigen Äcker sind zur Winterruhe hergerichtet.

26. Oktober 1914. Der Söldner Gottfried Kuhn schreibt am 18. 10. nach Hause: „Wir liegen 60 Meter vor dem Feind. Da heißt es aufpassen, denn wenn sich ein bissel was regt, dann schießen sie gleich das reinste Schnellfeuer. Wir sind immer drei Tage im Schützengraben und werden wieder einen Tag abgelöst. Die Schwarzen, die haben den Fluch, das sind ganze Wildschützen. Die Franzosen dürfen wir nicht scheuen, die laufen gleich davon. Ganze Dörfer sind zusammengeschossen und niedergebrannt. Und wie das Vieh bellt! Das bekommt nichts zu fressen und zu saufen mehr. Hie und da sieht man noch einen alten Mann und ein altes Weib und Kinder. Die Kinder betteln uns um etwas Essen an, was man ihnen gerne gibt. Heute ist nun Kirchweih; wir haben Rast bis abends 6 Uhr; da müssen wir wieder vorrücken ins Gefecht; hoffentlich wird es gut vorübergehen. Mit dem Kirchweihbraten ist es heuer nichts; wir hatten Erbsensuppe mit Fleisch.“

28. Oktober 1914. Ein Vertreter des Proviantamts ist hier und kauft Weizen und Haber auf. Die Bauern und Bäuerinnen bringen ihm Muster ihres Getreides.

Die Kämpfe in Nordfrankreich gehen hartnäckig fort.

1\. November 1914. Ein Vierteljahr Krieg. Wie gnädig ging er bisher an unserer Heimat vorüber! Wir haben keinen Gefallenen zu beklagen, wir leben fast wie im Frieden: die Lebensmittel sind kaum teurer, die Kinder gehen zur Schule, die Alten ins Wirtshaus, die Felder sind angebaut, die Steuern werden eingehoben, die Löhne ausbezahlt. Das Geld aber ist aus Papier; bis zu einer Mark herunter gibt es Banknoten und Darlehensscheine.
An der Ostgrenze weichen unsere Truppen vor der russischen Übermacht zurück. Was soll dort werden? Im Schwarzen Meer haben Türken und Russen die Feindseligkeiten gegeneinander eröffnet. Damit ist die Türkei, wie vorauszusehen war, an unsere Seite getreten.

3\. November 1914. Sechs Militärfuhrwerke holen das vorige Woche aufgekaufte Getreide, im ganzen 280 Zentner, ab. In der Wirtschaft ist Auszahlung. Es gelten die inzwischen amtlich festgesetzten Höchstpreise: für Weizen 13,50 Mark, für Haber 11,20 Mark.

6\. November 1914. Ein deutscher Panzerkreuzer, York, ist auf eine unserer eigenen Minen gelaufen und mit 251 Mann gesunken. Solche Unglücksfälle drücken noch mehr auf die ohnehin darniederliegende Stimmung. Sogar die Schulkinder sagen, es stehe für uns schlecht auf dem Kriegsschauplatz.

8\. November 1914. Die Nachrichten von den Fronten immer trübe. Im Westen an einer Stelle vor, an der anderen zurück; der Hauptkampf tobt zur Zeit um Ypern. Im Osten nähern sich die Russen der preußischen Grenze. Was mögen unsere Truppen auf diesem Rückzug durch Polen ausgestanden haben! Wo wird sich die neue Schlachtlinie bilden?

Die Flotte unterbricht ab und zu das schwere Warten mit einer frischen Tat. Bei einem Seegefecht an der Küste von Südamerika vernichtete sie wieder drei englische Schiffe.

Von unseren Rekruten mußte gestern wieder einer einrücken.

Lorenz Dirr, der Wagner, schreibt aus Lille am 26. 10. über seine Fahrt an die Front: „Von Mainz bis Köln reiht sich eine Schönheit an die andere, die Berge mit Reben umsäumt, mit bunten Laubwäldern, und fast jeder gekrönt mit den schönsten Burgen und Ruinen, im Tale die altersgrauen, an das Ufer geschmiegten Städtchen, das alles gibt ein Bild, das man empfinden, aber nicht beschreiben kann. Doch weiter rollte der Zug durch das rheinische Industriegebiet mit seinen großartigen Anlagen nach der Grenzstadt Aachen. Von hier aus wurde es anders, es dehnte sich die fruchtbare belgische Ebene aus, und statt dem freundlichen Gruß in Deutschland nur finstere Gesichter. In Lüttich konnte man wenig Schaden bemerken, dagegen ist Löwen eine einzige von der Bevölkerung verlassene Ruine. Das Land, durch welches wir fuhren, hat durch den Krieg nicht gelitten; man sah überall saubere, freundliche Dörfer, angebaute Felder und weidende Rinder und Pferde. Das Bild änderte sich jedoch, als wir uns der französischen Grenze näherten. Man sah hier wieder die Spuren des Kriegs, und als der Zug einmal hielt, schlug ein fernes dumpfes Rollen an unser Ohr — es war Kanonendonner der gegen die Engländer tobenden Schlacht."

10. November 1914. Tsingtau am 7. November morgens 6 Uhr gefallen. Näheres vom Schicksal der heldenhaften Besatzung wissen wir nicht. Die Zeitungen fordern auf, zur Rache dafür deutsche Truppen in England zu landen. Das ist aber leichter geschrieben als getan.

11. November 1914. Wie schwer die Kämpfe in Nordfrankreich sind, geht aus einigen Feldpostbriefen der vergangenen Wochen hervor. Andreas Ebner schreibt: „Duy, 3. 10. 1914. Ich konnte den Brief so lange nicht beantworten, weil wir in letzter Zeit große Märsche hatten. Wir sind jetzt im Nordwesten von Frankreich, etwa 100 km vom Kanal entfernt. Hier hatten die Franzosen neue Truppen zusammengezogen, welche unserer Armee in den Rücken fallen sollten. Wir kamen am 1. Oktober abends 6 Uhr in Cambrai, einer Stadt mit ungefähr 30000 Einwohnern, an und marschierten am gleichen Tage noch 30 km. Dann ging's los. Wir hatten zuerst wenig Truppen da, und die Sache sah sehr schief aus; besonders die feindliche Artillerie brachte uns schwere Verluste bei. Am 2. Oktober aber griff die zweite Division und unsere Fußartillerie ein und die Franzmänner und Engländer bekamen fürchterliche Hiebe. Heute hat das Armeekorps Ruhe, unser Regiment hat die Vorpostenstellung. Der Artilleriekampf dauert fort. Ich liege im Schützengraben, um uns herum Dutzende toter Franzosen, schrecklich zugerichtet und nicht am besten riechend. Der Krieg ist grausam; gestern hat er mir meinen besten Kameraden geraubt. Er wurde neben mir von einem Schrapnell getroffen. Wir teilten den letzten Brocken Brot miteinander."

„Kirchweihsonntag 1914. Wir liegen immer noch vor Arras. Gestern wurden wir in der vordersten Linie abgelöst und jetzt liegen wir in Reserve in einem zusammengeschossenen Dorf. Wir waren 16 Tage am Feind, tagsüber im Schützengraben, nachts wurden Sturmangriffe gemacht; es ist etwas Schreckliches um einen Nahkampf bei Nacht. Als Gegner haben wir alles Mögliche, sogar Neger aus Senegambien. Vor einigen Tagen wurde unser Zug von ungefähr 30 Turkos und Engländern von hinten angeschossen. Sie hatten sich tot gestellt, und als sie hinter unserem Rücken waren, fingen sie an zu feuern; sie wurden alle niedergemacht. Jetzt heißt es, wir sollen abgelöst werden und nach Dünkirchen kommen. Ob's wohl wahr ist? Von dem ewigen Kampieren im Freien wird man zuletzt ganz matt, und einige Wochen Ruhe wären für uns sehr notwendig, zudem wir meist verheiratete Leute bis zu 38 Jahren haben. Mir kommt es immer vor, daß ich vom Feld nicht mehr zurückkomme; täglich Verluste, zuletzt kommt man auch an die Reihe."

12. November 1914. Dixmuiden wurde erstürmt und in der Ypern-gegend vorgestoßen. Es erhebt sich die leise Hoffnung, daß wir dort unten durchbrechen und damit den Druck des Schützengrabenkrieges auf Heer und Volk überwinden könnten.
Das kühne Schiff „Emden" wurde vom Schicksal ereilt; ein englischer Kreuzer hat es besiegt. Sein Name wird aber fortleben im Volk.

14. November 1914. Die Bauern sagen: Wenn man die Zeitung liest, kriegt man immer wieder besseren Mut. Freilich, die Zeitung! Deren Aufgabe ist es ja, dem Volke Mut zu machen, Niederlagen klein und Siege groß erscheinen zu lassen. Der furchtbare Rückzug in Polen ist dem Volke noch gar nicht richtig zum Bewußtsein gekommen. Das amtliche Telegramm stellt die Sache ungefährlich dar und die Zeitungen unterlassen jeden Zusatz. Es ist allerdings die Frage, ob das klug ist.

15. November 1914. Ein Verwundeter aus einer Nachbargemeinde, der in Erholungsurlaub zu Hause ist, erzählt einen Abend lang vom Felde, viel Schönes, aber auch viel Grausames, besonders von den Schlichen der Schwarzen. Als Kriegsandenken zeigt er

Uhr, Revolver und Orden eines schwarzen Offiziers und ein französisches Seitengewehr. Er lag bei Krupp in Essen im Erholungsheim. Nun kommt Alldeutschland erst so richtig durcheinander.

16. November 1914. Gottfried Kuhn schreibt aus Farbus, er habe einen Schrapnellstreifschuß am Kopf erhalten, könne aber seinen Dienst ohne Helm weitermachen. Er bittet nur um Schnupftabak. Lorenz Dirr schildert den Anmarsch zur Gefechtslinie so: „Alle Wege und Straßen voll Bagagen, Fahrzeuge aller Art, so daß man glaubt, es sei eine internationale Ausstellung über Fuhrwesen; dann wieder zurückfahrende Munitionskolonnen, Verwundetentransporte, Gefangene, herrenloses Vieh, frische Gräber, verlassene Schützengräben, Blutlachen, tote Pferde im Straßengraben. Fast überall zerschossene und niedergebrannte Häuser und Städte, dazu hoch in der Luft das Singen der Schrapnells, welche auf feindliche Flugzeuge geschossen werden, die ständig über unseren Anmarschlinien und Artilleriestellungen kreisen. Die Kämpfe werden hier mit solcher Zähigkeit geführt, daß jeder Schritt Boden mit schweren Opfern erkauft werden muß. Gestern stürmte das 16. Regiment und verlor 600 Mann ..."

19. November 1914. Ein Lichtstrahl aus dem trüben Osten! Hindenburg schlug an der preußischen Grenze die Russen zurück und machte 28000 Gefangene.

Kuhn und Joas Anton, beide beim 12. Reserveregiment, schreiben von schweren Kämpfen: fünf Tage im Schützengraben, verbunden mit Nachtangriffen. Die Kompagnie Joas' in Stärke von 110 Mann kehrte nach diesen fünf Tagen mit 18 Mann zurück.

Gleichzeitig trifft die Nachricht ein, daß Kuhn abermals verwundet ist: linker Arm und linkes Bein durch Granatsplitter. Er liegt in Mülheim a. d. Ruhr.

23. November 1914. Neue Einberufungen: einer unserer Rekruten zur Eisenbahntruppe und unser Geistlicher als Krankenwärter. Die Seelsorgstelle ist verwaist; der Pfarrer von Beuren, 1½ Stunden entfernt, übernimmt die Aushilfe.
Im Westen ist der Hoffnungsschimmer wieder verblichen: die Vorgänge haben sich verlangsamt, die Verluste sind übergroß. Mit größerem Vertrauen schauen wir nach Osten; Hindenburg steht schon wieder mitten in Polen.

24. November 1914. Es erscheinen Aufrufe zu Weihnachtssammlungen fürs Heer. Sie finden keinen großen Anklang, weil allgemach das Vertrauen zur sicheren Beförderung und gerechten Verteilung der Gaben fehlt. Man hört schlimme Urteile darüber, spricht sogar von Unterschlagungen. Viele Gemeinden verwenden daher die gesammelten Gelder nur für ihre eigenen Krieger. Die Kinder verzichten auf ihren „Klopferstag" und bringen ihre Sparpfennige in die Soldatenkasse.

25. November 1914. Lorenz Dirr schildert in einem Brief aus Comines vom 14. 11. 14 den zähen Grabenkampf in Nordfrankreich: „Bei Nacht wird an die vorderen Stellungen heranmarschiert, ausgeschwärmt und in die Reservestellungen eingerückt. Dann geht es in Laufgräben von einem zum andern Schützengraben vor, bis man im vordersten Graben steht. Nun heißt es gruppenweise mit Abstand gegen die feindlichen Linien anspringen und sofort eingraben, aber alles lautlos; denn man steht höchstens 80—100 Meter vor dem Feind. Die Sache geht gut, solange man nicht bemerkt wird; ist aber dies der Fall, so beginnt ein rasendes Schnell-

feuer, meistens Salven und Maschinengewehre. Glücklich derjenige, der schon einige Schaufeln Erde herausgebracht hat, dann kann er ruhig warten, bis der Spektakel aufhört. Bevor eine Stellung erstürmt werden kann, müssen meistens wir Pioniere mit Drahtscheren die Drahtverhaue abschneiden. Ehe nicht die Artillerie die Stellungen derart beschossen hat, daß sich kein Mensch mehr darin aufhalten kann, ist an keinen Sturm zu denken. Denn sowie der Feind einigermaßen kampffähig ist, bricht alles unter dem Feuer zusammen. Es ist schrecklich, wenn man sieht, wie ein Bataillon von etwa 1000 Mann zum Sturm vorgeht, und in fünf Minuten kommen atemlos etwas über 200 Mann in den Graben zurück. Alles andere liegt draußen, tot und verwundet, ohne den geringsten Vorteil erzielt zu haben."

27. November 1914. Eine Siegesnachricht aus Osten! Bei Lodz 40000 Russen gefangen, die Schlacht aber noch unentschieden. Durch die Station fuhren, in Viehwagen eingepfercht, Russen; sie kommen aus Polen nach Ulm ins Gefangenenlager.

1. Dezember 1914. Der Kaiser reiste nach Osten. Auch die Neu-Ulmer Truppennachschübe gehen seit kurzem nach der Ostgrenze. Unser letzter Rekrut ist eingerückt zur Infanterie.
Die Sammlungen für Weihnachten und für die Ostpreußen ergaben 143 Mark. Wir liefern 50 Mark für die Ostpreußen und 50 Mark für die allgemeine Weihnachtssammlung ab. Den Rest behalten wir zurück, um den Kriegern der Gemeinde auf Neujahr etwas schicken zu können.

2. Dezember 1914. Die Österreicher haben Belgrad eingenommen. In der ganzen Gegend wird geschossen, geläutet; da und dort weht auch eine Fahne.

Die Russen brachten nach Ulm die Cholera mit; der Weihnachtsmarkt fällt deswegen aus. Sie hatten vor ihrer Gefangennahme 4—5 Tage gehungert, dann waren sie 7 Tage auf der Reise.

9. Dezember 1914. Die Deutschen haben Lodz eingenommen, die Russen sind im Rückzug. Im Westen dagegen ist Stillstand. Die Friedenssehnsucht im Heere nimmt zu. Das Schützengrabenleben legt sich auf die Soldatennerven. Es gibt schon manche, die nicht mehr an ein deutsches Vorwärtskommen im Westen glauben.

Die Rindshäute wurden nun für das Heer beschlagnahmt; die Folge wird eine Preissteigerung für Lederwaren sein. Auch die Petroleumnot ist groß. Der Wagen kommt zwar noch, gibt aber nicht einmal die halbe Menge des früheren Verbrauchs ab. Der Krämer ist daher immer gleich wieder ausverkauft.

Die Vorweihnachtszeit schleicht öde und traurig dahin. Fast fürchtet man sich leise vor dem Friedensfest. Was sollen wir in dieser Zeit damit anfangen?

12. Dezember 1914. Eine Trauerbotschaft: die Engländer vernichteten an der südamerikanischen Küste fast unser ganzes Ostasiengeschwader. Die großen Kreuzer Scharnhorst und Gneisenau, die kleinen Nürnberg und Leipzig sanken nach fünfstündigem Kampfe. 2000 Menschen, tapfer und treu, liegen im Meer.

Unser Bürgermeister ist nun in Antwerpen, der verwundete Kuhn im Lazarett Neu-Ulm.

Nun beginnen auch die Kerzen zu mangeln. Die Leute gehen frühzeitig zu Bett, um Licht zu sparen; denn das Petroleum beim Krämer ist schon wieder zu Ende, und so schnell wird der Ölwagen nicht wieder kommen. Wer das elektrische Licht hat, ist nun froh.

14. Dezember 1914. An die Familie Kuhns wird von seiner Kom-

pagnie das Eiserne Kreuz mit einem Schreiben des Kompagnieführers übersandt.

Aus dem Lager Ingolstadt sind vier französische Offiziere entflohen. Die Bevölkerung wird aufgefordert, auf verdächtige Leute zu achten.

17. Dezember 1914. Abends läuten die Glocken ringsum und krachen Böllerschüsse überallher und meldet das Telephon in alle deutschen Winkel den wartenden Menschen: „In Nordpolen ist die Entscheidung zu unseren Gunsten gefallen". Einzelheiten erfahren wir erst später; die kurze Nachricht genügt zu unserer Freude nach so langem Stillehalten.

19. Dezember 1914. Kuhn kam auf 14 Tage in Urlaub heim. Das ist ein Ereignis fürs ganze Dorf; er ist ja der erste, der aus dem Feld wiederkommt. Der sonst wenig beachtete „kleine" Mann wird nun Mittelpunkt des Dorfes sein und zwei Wochen lang erzählen müssen.

Franz Berchtold, der junge Klausenbauer, schreibt aus Gisselfingen an der lothringischen Grenze über die schlechte Witterung: „Von dem vielen Regen stehen die Unterstände, Batterien und Laufgräben immer voll Wasser. Die Tage gehen verhältnismäßig schnell vorüber, dagegen sind die Nächte unendlich lang. Man vertreibt sich die Zeit mit Kartenspielen, Würfelspiel und allerhand Kurzweil."

22. Dezember 1914. Auch Lorenz Dirr jammert über die Witterung: „Die letzten Tage hatten wir starken Regen, so daß wir in den Quartieren die Zeltbahnen spannen mußten, um nicht zu ertrinken. Und erst die Schützengräben! Es ist unbeschreiblich. Von den Grabenwänden fließt der lehmige Schlamm und sammelt sich auf

der Grabensohle oft zu knietiefem Morast an, so daß uns heute nacht der Schlamm tatsächlich bei den Stiefelschäften hineinlief. Unsere schönste Zeit ist immer der dritte Tag, da haben wir Ruhe. Wir haben uns einen Ofen requiriert und uns heimisch eingerichtet, so gut es eben möglich war. Da wird dann zusammen Tee oder Kaffee gekocht und alles brüderlich geteilt. Es kommen auch Zeitungen, so daß wir immer ziemlich auf dem laufenden sind."

Am allerwenigsten gefällt die üble Witterung den von den Franzosen herbeigeschleppten Schwarzen. Andreas Ebner schreibt folgendes: „Vor einigen Tagen kam zu uns ein schwarzer Überläufer in den Graben. Zuerst frug er, ob er erschossen werde. Als dies verneint wurde, bat er, nochmal zurücklaufen zu dürfen, er wolle noch mehrere holen. Man ließ ihn laufen und richtig, nach einer halben Stunde kam er mit 15 seiner Kameraden, die halb erfroren und froh waren, in Gefangenschaft zu kommen. Auch deutsche Fremdenlegionäre sind uns gegenüber; einzelne sind schon nachts zu uns herübergekrochen. Da wir so nahe beieinander sind, können wir uns sogar mit ihnen unterhalten. Kürzlich, als die Artillerie schwieg, rief uns einer an: Hallo, Landsleute, seid ihr wach? Wir gaben ihm Antwort. Er erzählte, daß er von Tunis herübertransportiert worden ist; er traute sich aber nicht fliehen, obwohl wir ihm sagten, daß er unbedingt Pardon erhalte."

Kuhn erhält für seine Kinder 20 Mark vom Roten Kreuz zu Weihnachten.

Statt des Klopfertags für die Kinder wird für die Soldaten nochmals gesammelt. Ergebnis 34 Mark, so daß nun 77 Mark zur Verfügung stehen, um unsere eigenen Soldaten zu erfreuen.

24. Dezember 1914. Heiliger Abend! Wo ist die Weihnachtsfreude? Sie will nicht kommen. Unsere Gedanken weilen heute mehr als je in Schützengräben und an Massengräbern. Sogar die Kinder haben Kriegsweihnachten; ihre Christbäume sind leer und dürftig, es fehlen die kleinen Laibchen und Figuren, die sie sonst am Klopferstag sammelten und am Weihnachtsabend an den Baum hängten. Auch das Erdöl mangelt, es heißt daher früh zu Bett. Die mitternächtliche Weihnachtsmesse, der stimmungsvollste Gottesdienst des ganzen Jahres, fällt in der ganzen Umgegend aus, weil die Geistlichen fehlen. Wir behelfen uns hier mit einer Andacht mit Kinder- und Volksgesang. Der Friedensgedanke wird wohl alle Herzen beherrschen. Aber nicht als Wirklichkeit, sondern als Wille und zielferne Sehnsucht.

27. Dezember 1914. Was für Feiertage unsere Soldaten wohl haben? Im Osten wird jedenfalls schwer gekämpft; die Russen haben auf ihrem Rückzug wieder Front gemacht. Auch die Franzosen greifen an verschiedenen Punkten an.

Die auf Weihnachten zielende Friedenshoffnung so vieler Menschen ist damit gründlich zerstört. Im ganzen Lande wurde folgende Wundermär umhergetragen: In einem Walde, ohne Aussicht auf Rettung, waren deutsche Soldaten vom Feinde eingeschlossen. In ihrer Not begannen sie zu beten; da erschien ihnen die Muttergottes, zeigte einen Ausweg und verkündete ihnen, sie werde nun Frankreich verlassen mit ihrem Schutz, drei Tage vor Weihnachten werde Friede geschlossen werden.

Unsere im Oktober eingerückten Rekruten kamen nach kurzer Ausbildung nun schon ins Feld. Einige Wochen noch und das ganze 20jährige Deutschland wird an der Front stehen.

30. Dezember 1914. Nun ist auch der Landsturm II, die unausgebildeten Männer vom 39.—45. Lebensjahr, zur Meldung aufgerufen. Hier kommt ein Mann in Frage.

Der Winter will nicht kommen. Für die Truppen wäre Frost erwünscht. Namentlich vom Osten wird berichtet, daß schlechtes Wetter den Kampf, der auf der ganzen Front im Gange ist, beeinträchtige. Im Westen wurde seitens der Franzosen sogar in der heiligen Nacht angegriffen.

Sylvester 1914. Welch ein Jahr geht zu Ende! Den längst vorhergesagten, längst gefürchteten Weltkrieg führte es mit sich. Und heute stehen wir mitten im Geschehen und können das Ende nicht deuten. Doch — wie der Abend dämmert, läuten ringsum die Glocken und krachen die Schüsse, das gilt nicht der Jahreswende, das ist Sieg! Unser Dorf weiß nicht wo und wie, aber uns genügt die Botschaft: Sieg! Möge sie von guter Vorbedeutung sein für das dunkle, mit Hoffen und Bangen erwartete neue Jahr!

Neujahr 1915. Wir warten voll Spannung auf die Zeitung, denn immer noch weiß niemand sicher, was der Jubel gestern abend zu bedeuten hatte. „150000 Franzosen gefangen!" sagen die Leute. Doch das ist ganz unmöglich, irgendeine falsch verstandene Mitteilung. Doch nun wissen wir's, die Zeitung ist da: Hindenburg hat die Siegesbeute, die er den Russen seit der gewonnenen Schlacht vom 17. Dezember auf der Verfolgung abgenommen, mitgeteilt: 56000 Gefangene.

Vor kurzem war ein hausierender Krainer hier und erzählte von österreichischer Not. In seinem Heimatdorf ist eine Menge polnischer und galizischer Flüchtlinge untergebracht. Sie wissen nichts vom Schicksal ihres Heims und ihrer Familie. Der Auszug vor den Russen mußte so schnell vor sich gehen, daß die Glieder der einzelnen Familien in den Eisenbahnen auseinanderkamen und an verschiedenen Orten ausgeladen wurden. Das ist die wahre Kriegsnot der Heimat, von der wir bisher, dankbar sei es anerkannt, verschont blieben.

2. Januar 1915. Heute wurden schon die im Jahre 1895 Geborenen gemustert. Von unseren Jungen waren zwei tauglich, einer, der zurückgestellt werden sollte, meldete sich freiwillig.
Während des Unterrichts hören wir auf einmal das altvertraute Amboßklingen aus der Schmiede wieder. Voll Freude schreiben die Schüler in ihr Heft:

„Der Schmied hat wieder gehämmert.

Wir sitzen in der Schule und sprechen von Kain und Abel. Da hören wir auf einmal das Hämmern aus der Schmiede wieder. Das haben wir lange nicht mehr gehört. Darum ist es ganz still in der Schule und alles horcht. Der Lehrer sagt: Wer hämmert denn in der Schmiede? Ein Kind erzählt: Der Schmied ist heute nacht in Urlaub gekommen. Nach der Schule laufen wir gleich zur Schmiede und schauen den Schmied an."

4. Januar 1915. Die Bauern kommen zum Schmied und bringen ihre Pflugscharen und Wagenräder, die sehr der Ausbesserung bedürfen, und warten gleich, bis die Arbeit fertig ist, denn nebenbei muß der Schmied vom Krieg erzählen. Morgen muß er wieder fort. Seine Truppe ist vom Feld nach München zurückgekommen zwecks anderweitiger Verwendung.

6. Januar 1915. Die Witterung wird mit jedem Tage schlimmer, wir können nicht begreifen, wie die Soldaten in den Schützengräben zurechtkommen.

Lorenz Dirr gibt ein gutes Bild von Weihnachten im Felde: „Überall in den Quartieren herrschte emsige Tätigkeit. Christbäume wurden geschmückt, Liebesgaben zur Verteilung bereitgelegt. Abends waren dann, meistens kompagnieweise, die Christbaumfeiern. Es war erhebend, wie von vielen Seiten die schönen deutschen Weihnachtslieder durch die sternenklare Nacht klangen. Selbst in den Schützengräben herrschte Weihnachtsfreude. Selten fiel ein Schuß. An manchen Stellen kam es sogar zu freundschaftlichem Verkehr zwischen Freund und Feind. Man ging aus den Gräben und begrüßte sich auf dem dazwischenliegenden Felde, Zigarren, Zigaretten und Pfeifen wurden ausgetauscht, und es schien wirklich Friede auf Erden werden zu wollen. Leider war der schöne Traum bald zu Ende."

8. Januar 1915. Wer im Jahre 1913 das elektrische Licht nicht einrichten ließ, ist nun übel daran. Ein Schüler schreibt darüber in sein Aufsatzheft:

„Das Petroleum geht aus.

Wenn der Petroleumwagen kommt, laufen ihm viele Leute nach. Er lädt beim Boten nur 20 Liter ab. Ich muß gleich auch hinauf. Ich bekomme aber nur 3 Liter. Der Vater holt am Abend ein Dutzend Kerzen. Die Bötin sagt zu ihm: Jetzt bekommt man nicht einmal mehr so viel Kerzen, wie man will. Mein Vater sagt zu ihr: Wir brennen in der Stube lauter Kerzen. Das Petroleum brauchen wir für den Stall; denn bei offenem Licht könnte dort ja etwas angehen. Am Abend müssen wir bald ins Bett."

11. Januar 1915. Der Jammer ist allenthalben der gleiche: das schlechte Wetter. Nichts als Regen oder Schnee mit Regen, kein Frost. Die amtlichen Berichte sagen Tag für Tag: Unsere Angriffe

leiden durch die Witterung. Das ist besonders in bezug auf Polen zu bedauern. Im Westen greifen die Franzosen an verschiedenen Stellen an; unsere Mauer hält aber stand. In Flandern ist die Lys an einzelnen Stellen bis zur Breite von 800 Meter aus den Ufern getreten. Unsere Soldaten sollen wandelnde Lehmklumpen sein, wenn sie aus dem Schützengraben kommen. Die Hoffnung, daß wir die feindlichen Linien durchbrechen können, ist allgemein geschwunden. Von Paris spricht und an die englische Landung glaubt niemand mehr.

Kuhn ist schon wieder ins Feld gekommen. Es gehen in letzter Zeit viele Truppenzüge ins Feld ab.

13. Januar 1915. Gestern abend verpackte die Gemeindeverwaltung 16 Päckchen für unsere Krieger. Jeder erhielt 20 Zigarren und 5 Landjäger. Wir hätten gern mehr geschickt, aber das zulässige Gewicht, zur Zeit bis zu einem Pfund, ist gleich erreicht. Zigarren-, Schokolade-, Tee-, Woll-, Papiergeschäfte und Metzger machen jetzt kein schlechtes Geschäft.

Die Mehlverbrauchsbestimmungen wurden vom Bundesrat neuerdings verschärft. Bäcker und Konditoren dürfen vor morgens sechs Uhr nicht mehr backen, damit es kein frisches Kaffeebrot gibt. Schwarzbrot darf auch erst altbacken verkauft werden. Die Bäcker dürfen nicht mehr hausieren gehen. Weizenbrote dürfen nicht mehr als 100 g wiegen; die bei uns üblichen „weißen Laibe" fallen damit aus. Beim Schwarzbrot ist Kartoffelmehlzusatz, beim Weißbrot Roggenmehlzusatz vorgeschrieben.

17. Januar 1915. Ein Sieg der Deutschen über die Franzosen bei Soissons: 5000 Gefangene, 35 Geschütze; die Franzosen sollen außerdem 5000 Tote auf dem Schlachtfeld gelassen haben. Das

ist eine Zahl wie im Jahre 1870 bei Gravelotte-St. Privat am 18. August. Doch was damals die Vernichtung einer Armee bedeutete, ist heute nur ein kleiner Teilerfolg.

20. Januar 1915. Die Witterung bessert sich endlich. Wir haben starken Frost. Damit besteht Aussicht auf Wiederaufnahme der Gefechte im Osten.

Die Besorgnis wegen der Haltung der Neutralen hält an. Jeder Tag bringt über Italien und Rumänien neue, sich widersprechende Meldungen. Bald heißt es, Italien greife zu unseren Gunsten in den Krieg ein, bald umgekehrt. Das letztere wird als wahrscheinlich angesehen. Daher ist die Erbitterung über die Italiener, unsere „Bundesgenossen", im Volke groß. Von Bulgarien nimmt man an, daß es an unserer Seite kämpfen wird. Die Absichten Rumäniens sind völlig unklar. Was wird aus dem ganzen Hexenkessel noch herauskommen?

23. Januar 1915. Heute rückten zwei der jüngsten Rekruten nach Neuburg ein. Gestern abend tranken sie noch wacker Abschied im Wirtshaus, sprachen von Paris einnehmen und England besetzen. Der Wurzensepp, Veteran und Tambour von 1870/71, hielt die Abschiedsrede, worin er die Hoffnung ausdrückte, daß er zum Siegeseinzug der jetzt ausziehenden Krieger seine Trommel rühren dürfe.

Zeppeline flogen in der Nacht vom 19. auf 20. Januar zum erstenmal nach England und warfen Bomben ab.

24. Januar 1915. Die Soldaten im Feld können sich unser Leben in der Heimat nicht recht vorstellen. Sie meinen, der Krieg werde wohl auch uns schlimme Begleiterscheinungen gebracht haben. Das stimmt nun nicht. Wir leben, von Einschränkungen in der

Ernährung abgesehen, wie im Frieden. Wenn wir früher an Krieg dachten, so dachten wir zugleich an innere Unruhen, Polizeiherrschaft, Enteignung von Vieh und Getreide, Teuerung, Kriegssteuern, Elend und Not. Fast nichts von alledem spüren wir bis heute. Die Arbeitslosigkeit ist gering. Viele Gewerbe, die für das Heer arbeiten und nach Ulm liefern, wie die Schneider, Schuster, Sattler der Umgegend, verdienen gutes Geld; der Bauer kann sein Vieh behalten. Die Fleischpreise haben sich in nichts verändert; nur einige ausgesprochene Soldatenbedürfnisse, wie Schokolade, Wollsachen, Hartwürste, sind etwas teurer geworden. Unsere Zigarrenindustrie hat scheinbar so viel Tabakvorräte oder so viele holländische Einfuhr, daß sie den ungewöhnlichen Bedarf befriedigen kann. Der Eisenbahnverkehr ist bis auf einige Züge wieder der frühere. Nur die Männer in den Dörfern werden weniger, so daß für den Sommer Dienstbotenmangel zu befürchten ist.

28. Januar 1915. Nun haben wir Schnee. Schnee wie schon lange nicht mehr. Die Bauern fahren wieder einmal mit Schlitten. Von Polen wird Kälte berichtet, von den Argonnen Schnee, von Flandern der alte Schmutz. Die Deutschen werden an verschiedenen Punkten der westlichen Linie lebendig.

Unsere Soldaten werden nun so langsam einsehen, daß sich der Krieg in die Länge zieht. Der Wunsch in allen Briefen ist ja der Friede; aber dazwischen schreibt doch einmal einer, der Krieg scheine länger zu dauern als anfangs geglaubt wurde. Auch die Bauern schwanken zwischen Hoffen und Fürchten. Es ist zweifelhaft, ob sie Dienstboten einstellen oder auf baldige Heimkehr ihrer Söhne rechnen. Die Wahrheit einer langen Kriegsdauer will nur schwer eingehen.

2. Februar 1915. Da die Ermahnungen und bisherigen Maßnahmen zu sparsamem Verbrauch von Getreide und Mehl nicht wirkten, sollen die Vorräte an Brot, Getreide und Mehl nun beschlagnahmt werden. Die in unserem Dorfe noch vorhandenen Vorräte wurden gestern aufgenommen. Es ergaben sich: 228 Ztr. Weizen und Fesen, 88 Ztr. Roggen, 29 Ztr. Weizenmehl, 23 Ztr. Roggenmehl und 278 Ztr. Haber. Vom Habervorrat werden noch 137 Ztr. zur Saat benötigt. Das übrige wird größtenteils für die eigenen Rosse nötig sein. Von Brotgetreide stehen dem Bauern pro Kopf und Monat 9 kg zu. Bei 147 Personen ergibt sich für die 7 Monate bis zur nächsten Ernte ein Eigenbedarf der Bauern von 147 . 7 . 9 kg = 9261 kg = 185 Ztr. Da der Gesamtvorrat 368 Ztr. ausmacht, verbleiben zur Enteignung 183 Ztr. Die Bauern erklären aber, daß 9 kg pro Kopf viel zu wenig sei.

3. Februar 1915. Da in dieser Woche wieder Pfundpakete zulässig sind, ließen wir nochmals Sendungen an unsere Krieger abgehen: je ein Paar Socken und 15 Stück Zigarren. Mögen alle diesen Gruß ihrer Heimatgemeinde gesund und festen Mutes empfangen! Der Krieg kann die unmöglichsten Dinge brauchen. Zur Zeit ist eine Reichswollwoche. Es werden alle alten Woll- und Baumwollsachen gesammelt und zu Überziehwesten, Überziehhosen, Unterjacken und Decken verarbeitet. So suchen denn die Leute ihre Bestände von Großvaters Tagen durch und tragen ganze Bündel alter Schäfermäntel, Winterjacken, farbiger Strümpfe und ähnlicher Herrlichkeiten zur Sammelstelle.

7. Februar 1915. Die Gendarmerie prüfte in einigen Häusern nach, ob die Angaben über Getreidevorräte richtig waren. Es soll nicht überall gestimmt haben.

Die Marineleitung kündigt an, daß vom 18. Februar an jedes feindliche Kauffahrteischiff, das sich in den Gewässern rings um England zeigt, ohne Schonung für die Besatzung vernichtet wird. Deutsche Truppen stehen nun auch in den Karpathen und gehne mit den Österreichern gegen die Russen vor.

9. Februar 1915. Heute ist hier das Fest der Ortsheiligen Apollonia. Der Festprediger ermahnt die Gemeinde, die Sorgen, die ihnen der Krieg bereitet, auf Gott zu werfen. Der Tag verläuft ruhig, ohne jugendliches Leben.

Den ganzen Getreidehandel hat künftig der Kommunalverband in Händen. Er hat sein Lager in der Schranne der nächsten Stadt. Dort können die Müller, wenn sie für den Kommunalverband mahlen wollen, Getreide holen; sie müssen dann die entsprechende Menge Mehl (80% ausgemahlen, bei Weizenmehl 30% Roggenmehlzusatz) wieder zurückliefern. Händler und Bäcker erhalten die ihnen zustehenden Mengen künftig vom Kommunalverband.

Unser Bürgermeister schreibt von Antwerpen aus. Er arbeitet dort als Pionier beim Bau von Minensperren und Zugbrücken über die Schelde. „Das Vorwerk „Katharina" wurde von vier Stück 42-cm-Geschossen furchtbar verwüstet; Stahlstücke des Panzerturms von 230—270 Zentner Gewicht wurden 40—70 Meter weit geschleudert".

13. Februar 1915. Der Krieg beginnt nun auch im Inland allmählich fühlbarer zu werden. Die Sorge ums Brot für das Volk steigert sich täglich. Der einzelne hat vielleicht volle Säcke und Truhen, für ihn besteht keine Not; er soll aber für die Not der Gesamtheit einstehen. Das erfordert mehr staatsbürgerliches Verstehen und Fühlen, als im allgemeinen vorhanden ist. Schon die

Kinder werden zum Brotsparen angeleitet; sie sollen keine Semmeln und auch weniger Schwarzbrot essen als sonst. An Fleisch wird es vorerst keinen Mangel geben, da unsere Bestände — besonders an Schweinen — groß sind. Trotzdem steigen in den letzten Wochen die Schweinepreise von Tag zu Tag. Während sie sich im ersten Kriegshalbjahr auf niedriger Stufe hielten, 40—50 Pfg. das Pfund Lebendgewicht, schnellten sie nun rasch auf 60—65 Pfg. empor. Das hängt mit der Verteuerung der Futtermittel zusammen, deren Einfuhr aufgehört hat. Der Zentner Futtermehl ist von 13 auf 26 Mark gestiegen. Auch kleinere Dinge schlagen auf: 1 Liter Salatöl von 1 Mark auf 1,40 Mark; 1 Pfund Malzkaffee von 35 auf 40 Pfg.

Aus dem Osten kommt eine Siegesnachricht. Die Russen mußten ihre alten Stellungen östlich der masurischen Seen aufgeben und 26000 Gefangene zurücklassen. Auch in den Karpathen schreiten die Kämpfe fort.

16. Februar 1915. Fastnacht! Das Generalkommando ließ in allen Gemeinden ein Verbot jeglicher Belustigungen bekanntgeben. Das war für unsere Gegend überflüssig; niemand, nicht einmal die Jugend hat Lust, sich Faschingsfreuden hinzugeben. Es gibt heuer weder Faschings- noch Osterzeit, es gibt nur eine Zeit — Kriegszeit. Und der Kriegskalender verzeichnet meist schwarze Werktage; nur selten bringt er einen roten Siegestag, doch auch dieser ist kein reiner Freudentag, die Gedanken an die vielen Gefallenen umranden ihn mit Trauerstimmung.

Die Gemeinde hat das übliche Scheibenfeuer für heuer verboten. Das dafür gesammelte Holz müssen die Kinder an den Armenhäusler abgeben. Wenn Friede wird, dann sollen die Flammen lodern von einem bis zum andern Ende Deutschlands!

Lorenz Dirr beklagt sich in einem Briefe, daß das Eiserne Kreuz nicht immer nach Verdienst verliehen werde. Der Koch, der Kanzleischreiber, der Proviantunteroffizier würden damit ausgezeichnet, während der Frontsoldat, der im Schützengraben unter ständigem Feuer seine Pflicht tut, oft leer ausgehe.

Amerika legt gegen die deutsche Ankündigung des Handelskriegs Verwahrung ein und droht mit ernsten Gegenmaßnahmen, wenn dabei Amerikaner ums Leben kämen. Die Stimmung in Deutschland ist nicht für Nachgeben; Amerika liefert unsern Feinden beständig Kriegsgeräte.

17. Februar 1915. Aschermittwoch. Die Sonne bricht sich langsam Bahn durch die Morgennebel, man freut sich: heut gibt's einen schönen Vorfrühlingstag!

Da schwimmt aus der Ferne Glockengeläute heran, ein paar Böller brummen dazwischen — vielleicht irgendwo ein Kriegergottesdienst? Doch auch weit im Süden wird geschossen; und aus dem Ulmer Winkel sind Glocken zu vernehmen, dumpf und feierlich. Immer näher kommen die Töne, die Kirchtürme der Nachbargemeinden werden lebendig, Schüsse krachen aus Großkissendorf, aus Anhofen, aus Bühl — wir stehen in einem Kreis von Glockenklang und Böllersang. Stundenlang setzt sich die gewaltige Sprache fort; wenn hier der eherne Mund sich schließt, öffnet sich dort ein anderer: das ist Sieg! Wir schicken einen Schüler in die Wirtschaft und lassen fragen. Bange Minuten, bis die Antwort kommt. Wir mutmaßen: Warschau geräumt? Seesieg? Endlich die Meldung: an der Weichsel 50000 Russen gefangen! Noch keine Siegesnachricht hat so erlösend gewirkt, so freudig ernst gestimmt wie diese. Das lange, schwere Warten ist vorbei.

So sei dieser Tag uns Sinnbild: die Sonne bricht sich durch die Nebel eine Gasse — unsere Truppen durchstoßen die dunklen russischen Massen und zeigen uns Licht, das Licht der Hoffnung auf endgültigen Sieg und — Frieden.

20. Februar 1915. Der Sieg ist groß: 64000 Gefangene, dazu völlige Vernichtung der russischen 10. Armee, gänzliche Befreiung Ostpreußens. Das war die schönste Waffentat des bisherigen Krieges. Auch wir setzten unsere Glöcklein am Mittwoch in Schwung; der Klausenbauer hängte seine neue Fahne zum erstenmal vors Haus. Die Schulkinder durften die Feder weglegen, das Deutschlandlied singen und Hindenburg ein Hoch zurufen. Dann stürmten sie durchs Dorf und machten den Sieg bekannt.

Ein neuer Prophet ist aufgestanden! In Gestalt eines Buches. Die Dorfleute binden in ein Evangelien- oder Gebetbuch einen Schlüssel, so daß dessen Bart im Buch steckt, der Ring aber frei ist. Mit beiden Zeigefingern heben sie den Schlüsselring hoch und lassen das Buch daran baumeln. Nun wird das Buch befragt; dreht es sich, so heißt die Antwort: ja; bleibt es unbeweglich, so bedeutet das: nein. Auf diese Weise errät das Buch den Russensieg und auch die Zahl der Gefangenen. Es sagt voraus, daß der Krieg gegen Rußland im April, gegen Frankreich im August, gegen England im Dezember entschieden werden wird, daß der Zar von Rußland und der König von Belgien Selbstmord begehen werden und andere Dinge, die sich das Volk wünscht. Der Prophet arbeitet nur bei wenigen Leuten, hauptsächlich bei Frauen.

23. Februar 1915. Die neuntägige Masurenschlacht stellt sich immer

gewaltiger dar. Durch die Verfolgungskämpfe hat sich die Beute auf 100000 Gefangene, 7 Generale, 150 Geschütze erhöht. Ganz Deutschland ruft: Hoch Hindenburg! Sein Name ist in aller Munde und Herzen.

27. Februar 1915. Der Unterseebootskrieg macht sich schon bemerkbar. Täglich bringen die Zeitungen Listen von versenkten englischen Handelsschiffen.

Der Ruf nach Geld fürs Reich ist wieder ergangen. Eine neue 5proz. Kriegsanleihe ist ausgeschrieben; Kurs 98,50.

Über die Habervorräte wurde nun folgendes verfügt: Jedem Pferdebesitzer verbleiben 6 Zentner pro Pferd, außerdem 3 Zentner Saathaber pro Hektar. Der Rest, im ganzen 99 Zentner, muß an das Militär, das demnächst die Säcke zuschickt, abgeliefert werden.

2. März 1915. Die Heimat wird immer mehr in den Krieg hineingezogen. Ihr Feind ist der Hunger, ihre Waffe die Entbehrung. Der Staat ist zum Brotvater geworden, der seinen Kindern die Stücke vorschneidet. Er hat auf Grund der Getreideaufnahme berechnet, daß auf jede Person täglich nur mehr 200 Gramm Mehl, das sind in der Woche etwa 2½ Pfund Brot und 400 Gramm Mehl, treffen. Das ist auf dem Lande kaum die Hälfte des früheren Verbrauchs. Ohne Bescheinigung des Bürgermeisters darf die Mehlverkaufsstelle, die beim Krämer errichtet ist, kein Mehl abgeben. Brothausieren ist verboten. Die Konditoren müssen ihren Kuchen Kartoffelmehl beimengen. Weizenbrote dürfen die Bäcker nur altbacken verkaufen.

Auch die Stallfütterung ändert sich. Da Futtermehle den doppelten Preis von früher haben, erhalten die Schweine gesottene Kuhrüben, gedörrten Klee und ähnliche Ersatzmittel. Diese Schwierigkeiten veranlassen die Bauern, ihre Schweinebestände zu veringern. Die Städte legen sich in Erwartung kommender Fleischnot Vorräte an Dauerfleischwaren an.

Alle diese Maßnahmen geben in der Schule fast täglich Gelegenheit, über die Nahrungssorgen des Volkes zu sprechen: wir spüren, wie abhängig die Glieder eines Volkes voneinander sind; wir sehen ein, daß Deutschland kein abgeschlossener Staat mehr sein kann, sondern auf Welthandel angewiesen ist; wir ahnen die weltpolitischen Ursachen des Kriegs. Das verkleinerte Stück Brot auf unserem Tisch ist ein eindringlicher Lehrmeister!

4. März 1915. Kuhn schreibt von überstandenen schweren Tagen. Der Feind drang in die Schützengräben ein und konnte erst nach dreitägigen Kämpfen wieder vertrieben werden. Das Regiment verlor dabei 450 Tote und Verwundete.

Anton Joas schreibt recht verzagt und will nicht viel wissen von den Vorgängen in der Heimat. Andere dagegen erkundigen sich fleißig nach dem Fortschritt der landwirtschaftlichen Arbeiten. Manchem Bauernburschen mag es schwer fallen, bei beginnendem Frühling die Sehnsucht nach Feld und Pflug zu unterdrücken, und stillzuhalten im Schützengraben.

Bei der Landsturmmusterung der älteren Jahrgänge (30.—45. Lebensjahr) wurden von hier drei Männer für tauglich befunden. Zugunsten der Flüchtlingsfürsorge wurden Hindenburgbilder verkauft. Erlös 70 Mark. Hindenburg zieht nun als Volksheld in jede Bauernstube ein. Für notleidende Deutsche in den Kolonien gab die Gemeindekasse 5 Mark.

15. März 1915. Am gestrigen Sonntag suchte ich die Gemeinde in einem Vortrag über den Wirtschaftskrieg und dessen Folgen für

unsere Volksernährung aufzuklären. Es sollte das Verständnis für unsere Notlage geweckt und der Wille zum Ertragen der unvermeidlichen Einschränkungen in unserer Lebenshaltung gestärkt werden.

Die Werbung für die zweite Kriegsanleihe ist viel allgemeiner als für die erste. Die Post schickt Zeichnungsformulare in jedes Haus; die Postboten muntern zur Zeichnung auf. Es ist wahrscheinlich, daß auch aus unserer Gemeinde einzelne Geldbeträge in Kriegsanleihe angelegt werden.

Die Werktagsschüler des 7. und die Sonntagsschüler des letzten Jahrgangs wurden heute schon aus der Schule entlassen, um ihren Eltern bei der Feldarbeit behilflich sein zu können.

25. März 1915. Gestern berechneten der stellvertretende Bürgermeister und ich jedem Landwirt, wieviel Getreide ihm für seinen eigenen Verbrauch mit Reichweite bis zum 15. August zusteht. Für die errechnete Menge wurde ein Freigabeschein ausgestellt, den der Bauer in der Mühle vorzuweisen hat, wenn er mahlen lassen will. Viele Leute strecken den Roggen durch Beimengung von Gerste; andere kochen mit Polenta. Auch Reis ist beliebt, kostet jedoch 60 Pfg. pro Pfund.

Die Festung Przemysl in Galizien ist nach 4½ monatiger Belagerung infolge Aushungerung an die Russen gefallen. Die Engländer verloren im Kampfe bei den Dardanellen vier Panzerkreuzer, ein Torpedoboot, einen Minensucher; weitere drei bis vier Panzerkreuzer sind schwer beschädigt. Alles freut sich darüber, weil es Engländer sind, die davon betroffen werden.

29. März 1915. Von heute ab gibt es Brotkarten. Jeder Nichtlandwirt erhält eine Karte mit Gültigkeit für eine Woche. Sie besteht

aus 6 Marken: 3 für je 100 Gramm Weizenbrot oder je 75 Gramm Mehl, 2 für je 625 Gramm Roggenbrot oder je 500 Gramm Roggenmehl, 1 für 175 Gramm Weizenmehl. Wir Silheimer können aber vorerst überhaupt kein Brot erhalten, weil unser Bäcker in der Nachbargemeinde Bühl wohnt, die in einem andern Bezirksamt liegt; wir müssen nun erst nachsuchen, daß der Bäcker aus den Beständen unseres Kommunalverbandes Mehl erhält. Wer hätte im Frieden an solche Möglichkeiten je gedacht?

Die Kriegsanleihe ergab die fabelhafte Summe von 9060000000 Mark.

31. März 1915. Die Osterzeit will kommen. An Weihnachten hieß es: Wir wollen sehen, was an Ostern erzielt ist! Was ist geschehen? Viel Großes, besonders im Osten, aber nichts Entscheidendes. Es heißt weiterhin warten und festbleiben.

Der Verkauf von Ostereiern ist verboten. Nach und nach lernen wir auch den Wirtschaftskrieg führen.

11. April 1915. Im Westen eröffneten die Franzosen zwischen Maas und Mosel eine neue Offensive. Sie greifen Tag für Tag an; es gelingt ihnen aber nur selten, in einen deutschen Graben einzudringen. Die meisten Leute sind der Meinung, daß im Westen überhaupt keine Offensive mehr durchdringen kann, weder eine französische noch eine deutsche. Andere wieder erwarten mit dem Frühling einen kräftigen deutschen Stoß. Unbegreiflich ist, wie angesichts dieser ungeklärten Lage das Volk immer noch auf baldigen Frieden hoffen mag; besonders der Monat Mai gilt als Friedensbringer. Unsere U-Boote versenken jeden Tag ein paar englische Handelsschiffe. Die Engländer machen nun aber auch Jagd auf die Angreifer; U 29 mit Otto Weddigen, der im Herbst die drei eng-

lischen Panzerkreuzer versenkt hatte, ging dabei verloren. Weddingen wird vom ganzen Volk betrauert.

Die Haltung Italiens schwebt wie ein Schwert über Deutschland. Wir lesen von Verbrennung deutscher Fahnen, von deutschfeindlichen Umzügen; viele Deutsche verlassen Rom und Neapel.

Viele Landwirte, die in Garnison liegen, erhielten auf einige Wochen Urlaub zur Felderbestellung. Die Witterung ist aber sehr schlecht, so daß sich die Arbeiten verzögern.

18. April 1915. Das Leben auf dem Lande gilt nun weniger mehr dem Nachdenken über den Krieg, denn die Feldarbeiten haben, da sich das Wetter gebessert hat, begonnen. Die Sämaschine tut nun, in Ermangelung menschlicher Arme, gute Dienste.

Mit welchen Hoffnungen wenden wir uns heuer an die Erde! Sie birgt einen Teil unseres Schicksals in ihrem Schoß, ein Mißjahr könnte den Verlust des Krieges bedeuten.

Die rasenden Angriffe der Franzosen zwischen Maas und Mosel dauern an. Oft fünfmal im Tag rennen sie die deutschen Maschinengewehre und Bajonette an; doch alles vergebens. Man fragt sich: Wo ist die Friedenssehnsucht des französischen Volkes, das teilweise von Haus und Hof vertrieben ist? Man hört oft die Meinung, die Franzosen wären kriegsmüde, würden aber von den Engländern gehindert, Frieden anzubieten. Doch wir wollen uns lieber nicht mit falschen Hoffnungen tragen!

25. April 1915. Die Brotkarten haben sich eingelebt; in die Wirtschaften nimmt jeder Gast sein Brot mit.

Die Stimmung in Italien wird immer häßlicher. Auch gegen Amerika sind wir aufgebracht wegen der Millionen Waffenlieferungen an unsere Feinde.

Für die Hinterbliebenen der Gefallenen wurde eine Haussammlung vorgenommen. Ergebnis: 31 Mark.

3. Mai 1915. Das Telephon meldet nachmittags einen großen Sieg im Osten; die russische Front sei an mehreren Stellen durchbrochen. Das hat niemand erwartet; um so größer unsere Freude. Wir wissen nicht, was für eine Bedeutung diese Sache haben soll. Doch kann diese Ungewißheit die Freude über den Sieg nicht dämpfen. Die Glocken beginnen zu läuten, in Großkissendorf, wo ich gerade war, als der Sieg bekannt wurde. Die Kinder kommen mit Fähnlein aus den Häusern und singen und springen auf dem Kirchplatz umher, die Dorfböller tönen, die Glocken werden laut. Im Dorf wollen sie gar schon von 136000 Gefangenen wissen.
Und doch; über 1000 gefangene Franzosen wäre vielleicht mehr Freude als über 100000 Russen. Denn vom Westen her sind wir kleine Zahlen gewöhnt, während von 5000 östlichen Gefangenen als einer alltäglichen Erscheinung kaum mehr gesprochen wird.
Unsere Offensive bei Ypern konnte 3—4 km vordringen, steht aber nun wieder still.

10. Mai 1915. Weit und breit Maienzeit! Die Leute sagen, so schönes Wetter wüßten sie schon seit Jahren nicht mehr. Die Felder stehen in prachtvoller Fülle, die Bienen summen in den blühenden Birnbäumen, die Bauern sind voll Hoffnung auf ein gutes Jahr. Das versöhnt mit manchem Kummer und läßt den Krieg mutiger tragen. Eine freudenreiche, aber auch sorgenschwere Kriegswoche liegt hinter uns. Die Schlacht in Westgalizien begann am Sonntagmorgen des 2. Mai. Sie war reiflich vorbereitet und wird geführt von General Mackensen. In 2 km Breite ist die Russenfront durchbrochen. Die Russen fliehen und ziehen auch ihre Karpathenarmee

mit. Die Verfolgung geht fort. Am Ende der Woche zählte man 70000 Gefangene.

Deutsche U-Boote versenkten an der irischen Küste den englischen Riesendampfer Lusitania, der Waffen, Gold und 2100 Leute an Bord hatte. Er kam von Amerika. 500—600 Leute sind gerettet, sonst alles dahin.

Die Wolke Italien schiebt sich immer weiter vor am Kriegshimmel. Alles deutet auf nahen Bruch. Die Erbitterung gegen solchen Bundesgenossen ist groß.

Am Sonntag war neuerliche Getreideaufnahme. Die Bestände sind vielfach schon sehr verringert.

15. Mai 1915. Die westgalizische Schlacht brachte schon 143000 Gefangene; die Russen sind 130 km zurückgeschlagen.

Dagegen kommen vom Westen schlimme Nachrichten. Zwischen Lille und Arras begannen am Sonntag den 9. Mai die Engländer und Franzosen einen großen Angriff, der zwar im Norden zurückgeschlagen wurde, bei Arras aber zur Einnahme der deutschen Stellungen und eines Dorfes geführt hat. Die Franzosen schreiben von 4000 gefangenen Deutschen.

Die Preise steigen andauernd. 1 Pfund Butter kostet 1,40 Mark, Schweinefleisch Lebendgewicht 90 Pfg., Schlachtgewicht 1 Mark bis 1,30 Mark, 1 Liter Spiritus 50 Pfg., Salatöl 2 Mark bis 2,50 Mark. Arme Leute tun sich nun hart. Aber niemand verzagt. Das Vertrauen in unser Heer ist nicht zu erschüttern.

27. Mai 1915. Der Krieg mit Italien ist inzwischen, ohne noch Überraschung hervorzurufen, zur Tat geworden.

Indessen geht die galizische Schlacht, die schon über 200000 Gefangene brachte, am San wieder lebhafter weiter. Um Przemysl wird gekämpft.

Die französische Offensive ist zum Stehen gekommen. Andreas Ebner, der beim 12. Reserve-Regiment steht, schreibt darüber: „Vier Tage und Nächte schoß die feindliche Artillerie ununterbrochen auf unsere Stellungen; die ersten Gräben waren beinahe eingeebnet, wir hatten aber tiefe Stollen in die Erde getrieben, welche uns vollständig Deckung boten. Als die französische Infanterie zum Sturm vorging, zogen wir unsere Maschinengewehre aus der Deckung. Obwohl die Franzosen in 6 Linien daherkamen, gelang es ihnen nicht, weiter als 50 m vor unsere Stellung zu kommen. Sie wurden buchstäblich niedergemäht und liegen haufenweise vor uns. Wir waren 10 Tage in der vordersten Linie. Sie wiederholten ihre Angriffe noch mehrmals, aber immer mit dem gleichen Ergebnis. Schlimmer ging es dem rechts neben uns liegenden 10. Reserve-Regiment. Das in Stellung befindliche Bataillon wurde durch das Artilleriefeuer fast vollständig aufgerieben. Reserven konnten nicht nach vorne gebracht werden und den Franzmännern gelang es, bis nach Neuville und Carency durchzustoßen."

Über den gleichzeitigen Angriff der Engländer gegen die Liller Gegend schreibt Lorenz Dirr: „Gestern (13.) war der Kampf zu solcher Stärke angewachsen, daß unter der Wucht des Artilleriefeuers die Erde in andauernde wellenförmige Bewegung geriet... Der nächtliche Himmel war vom Feuer der Geschütze gerötet, das Platzen der Granaten und Schrapnells war wie ein riesiges Feuerwerk; das schwerste Gewitter ist wie ein sanftes Wiegenlied gegen so etwas."

Am Montag sammelte ich mit dem Bürgermeister-Stellvertreter von Haus zu Haus für die Kriegsinvaliden. Ergebnis 80 Mark. Auch in der Heimat erlahmt man nicht.

28. Mai 1915. Heute kommt die erste Trauernachricht vom Krieg in unser Dorf. Auf einer Feldpostkarte schreibt ein unbekannter Soldat an Viktoria Schmid: „Tieferschüttert teile ich Ihnen mit, daß Ihr lieber Sohn Johann Schmid am 11. Mai bei der Verteidigung von Neuville schwer verwundet wurde und nach kurzer Zeit verschieden ist. Xaver Mann." Der Kamerad wird's sein, der seinem gefallenen Nebenmann diesen herben Dienst tut.

Die Nachricht drückt auf die ganze Gemeinde. Der Heldentod ist damit auch in unsere Gemeinde eingekehrt und alle, die Söhne und Männer im Felde haben, zittern nun viel mehr für deren Leben als bisher.

29. Mai 1915. Wir machen eine Eingabe um Soldaten zur Erntehilfe unter folgenden Angaben: 220 Tagwerk Wiesen sind zu mähen; dazu stehen in der Gemeinde an Arbeitskräften noch zur Verfügung: 33 männliche, 44 weibliche, 21 jugendliche von 12—16 Jahren. 19 Männer sind eingerückt. Wir erbitten 9 Soldaten für die Zeit vom 10.—24. Juni.

Beim stellvertretenden Bürgermeister liegen Ballen von Lumpen zur Fortschaffung bereit, das Ergebnis einer Lumpensammlung. Die Lumpen werden verkauft, der Erlös wird den Hinterbliebenen der Krieger zugewendet.

3. Juni 1915. Fronleichnamstag. Glockenklang und Böllerschießen den ganzen Morgen — aber es fehlt die rechte Stimmung zu festlichem Gepränge. Der Tod Johann Schmids ist nun auch amtlich bestätigt worden.

Das selten schöne Wetter hält an. Die Bauern haben ihre Pflanzen gesetzt und hacken Kartoffeln. Nächste Woche soll die Heuernte beginnen. Niemand denkt daran, daß die Arbeit nicht bewältigt werden könnte.

6. Juni 1915. Heute schulfrei zur Feier der am 3. Juni wiedergewonnenen Festung Przemysl.

Wo überall in der Welt stehen deutsche Soldaten? In Galizien dringen sie mit den Österreichern immer weiter vor, im Westen steht unsere Armee wie eine Mauer, an der italienischen Grenze halten unsere Feldgrauen in österreichischen Mützen Wacht, an den Dardanellen arbeiten deutsche U-Boote. Man muß staunen über die Menschenfülle. Dabei sind wir noch nicht am Ende — es sind noch genug waffenfähige Leute im Land.

Es hat den Anschein, als ob wir den Russen nun endgültig überlegen wären, als ob eine Erdrückung durch die slawischen Massen nicht mehr zu befürchten sei.

10. Juni 1915. Die Heuernte ist bei andauernd gutem Wetter im Gang; Ertrag gut und reichlich. An Arbeitskräften fehlt es nicht: gestern nachmittag kamen plötzlich 7 Feldgraue zum Dorfe herein — als Erntearbeiter. Es sind Landwehrmänner vom 15. Reserve-Regiment aus der Garnison Neu-Ulm, meist Altbayern und Franken. Einige waren schon im Feld und wurden dort verwundet. Ihre Ankunft verursachte überall große Freude; sie werden sicherlich keine schlechten Tage haben, solange sie bei uns sind. Der Urlaub dauert 14 Tage, sie erhalten den ortsüblichen Taglohn.

11. Juni 1915. Gottesdienst für den gefallenen Johann Schmid. Der Veteranenverein, voran sämtliche Urlaubssoldaten in Uniform, marschierte unter Trommelschlag zur Kirche. Die Schulkinder hatten die Tumba mit Eichenlaub und einem großen Eiser-

nen Kreuz aus Feldblumen geschmückt; Gewehre mit Kornblumen im Lauf, Säbel und Helm erinnerten an den Soldatentod; von der Empore sang eine Männerstimme:

„Vater, du führe mich!
Führ mich zum Siege, führ mich zum Tode:
Herr, ich erkenne deine Gebote;
Herr, wie du willst, so führe mich!
Gott, ich erkenne dich!

Vater, du segne mich!
In deine Hände befehl ich mein Leben:
Du kannst es nehmen, du hast es gegeben;
Zum Leben, zum Sterben segne mich!
Vater, ich preise dich!"

Der Geistliche knüpfte seine Ansprache an das Lied an; ein Requiem beendete die ernste Feier.

Inzwischen hat der Kamerad des Gefallenen nähere Mitteilungen gemacht. Das 3. Bataillon des 10. Reserve-Regiments war am 11. Mai in Stellung, das 2. Bataillon, dem Schmid angehörte, lag in Neuville in Bereitschaft. Die Franzosen durchstießen die zusammengeschossenen Stellungen und drangen nach Neuville vor. Bei der Verteidigung des Dorfes, am Ortsrande, wurde Schmid von einer Granate getroffen. Sie schlug ihm beide Beine ab. Bewußtlos lag er noch eine Stunde, gegen 5 Uhr nachmittags starb er. Er ruht in einem Massengrab.

Als er auszog aus der Heimat, es war an einem Augustmorgen zwischen 3 und 4 Uhr, begleiteten ihn seine Dorfkameraden im Frühdämmer bis zum Waldrand. Da sangen sie zusammen das trübe Lied: Morgenrot, leuchtest mir zum frühen Tod ...

19. Juni 1915. Eine Segenswoche. Bei herrlichem Sommerwetter, ohne einen Tropfen Regen, ist das Heu nahezu geborgen. Die Soldaten mit ihren weißen Drillichhosen waren kräftige Hilfen. Auch die Schulkinder wurden angehalten, fest mitzutun. Mittel- und Oberklasse erhielten die ganze Woche über schulfrei. Diese Kriegsernte wird uns in Erinnerung bleiben!

25. Juni 1915. Unsere Erntesoldaten reisten gestern wieder ab, nachdem sie im Wirtshaus lustigen Abschied gefeiert hatten. Sie haben dem Dorf viel geholfen und der Dank begleitet sie in die Kaserne. Ihr Taglohn betrug 2 Mark. Die Wirtin ließ sie zur Bahn fahren. Heute schulfrei — Lemberg ist am Dienstag nachmittags 4 Uhr von österreichischen Truppen genommen worden. Die Russen sind überall auf dem Rückzug. Alles hofft auf eine noch völlig glückende Überwindung der Russenflut. „Wenn nur die Russen geschlagen sind, dann müssen die andern doch auch nachgeben", meinen die Leute. Dabei wird häufig die Frage erörtert, ob der Krieg wohl nochmals einen Winter dauert. Wer weiß es? Mit Prophezeiungen sind wir vorsichtig geworden.
Aus der Gegend von Arras, wo die Westmächte ihren Entscheidungskampf kämpfen, wird von fürchterlichem Blutvergießen und großen Leiden unserer Soldaten berichtet, die mutvoll standhalten. Die Verletzungen und Tötungen erfolgen alle durch Granatfeuer.

29. Juni 1915. Die Kämpfe bei Arras haben nachgelassen. Viele Söhne unserer Gegend mußten dort standhaft den Tod erwarten. Der Abbruch der Schlacht ist eine Erlösung für das ganze Vaterland.
Der Wirtschaftskrieg in der Heimat ist für heuer gewonnen, wenn auch die neuartige Organisation viele Mängel und viele Kritiker

hatte. Unsere Sorge gilt der neuen Ernte. Den Schwerarbeitenden wird nun eine Zusatzbrotkarte gegeben; die Landwirte gelten als Schwerarbeiter. Gerüchte wollen wissen, daß in den Getreide- und Mehllagern viele Vorräte verderben, daß in Ulm verdorbenes Mehl in die Donau geworfen worden sei. Das wird besonders von denen erzählt, die nicht genügend Getreide abliefern.

Am vergangenen Mittwoch war Musterung der 19jährigen. Zwei aus unserem Dorfe sind tauglich befunden worden: einer für die Infanterie, einer für die Eisenbahntruppe.

3. Juli 1915. Der Bürgermeister ist auf 14tägigen Urlaub hier. Er erzählt allerhand aus Antwerpen. Unsere Soldaten draußen glauben alle an unsern endgültigen Sieg und an die noch kommende deutsche Offensive im Westen. Da sind wir in der Heimat etwas schüchterner in unsern Erwartungen.

Die Schätzung der Ernteflächen, die morgen in der Gemeinde vorgenommen wird, soll einen Überblick über die neue deutsche Ernte geben. Die Zusatzmarke für einen Schwerarbeiter beträgt 280 Gramm Mehl wöchentlich. Der Brotpreis ist immer gleich: 100 Gramm kosten 8 Pfg. Sonstige Preise: 1 Pfd. Kriegsmehl 26 Pfg., 1 Pfd. Schweinefleisch 1,20 Mark, Kalb- oder Rindfleisch 1 Mark; 1 Pfd. Magerkäse 1 Mark; 1 Ei 12 Pfg.; 1 Pfd. Butter 1,50 Mark; 1 Liter Salatöl 2,40 Mark; 1 Liter Spiritus 45 Pfg.

10. Juli 1915. Heiße, trockene Tage. Futternot wird befürchtet; das Getreide jedoch wird gut.

Unsere Lage ist auf allen Kriegsschauplätzen gut. Im Osten steht unser Heer zwischen Bug und Weichsel mit Front gegen Norden auf russischem Boden, starkem Feind gegenüber; in Frankreich ist die Durchbruchsgefahr vorüber; die Italiener suchten in 7tägiger Schlacht nach Görz vorzudringen, jedoch vergebens.

11. Juli 1915. Der Urlaub des Bürgermeisters ist zu Ende. Gestern abend hatte ihn die Gemeindeverwaltung zu einem Abschiedstrunk geladen. Dabei machte sich erstmals der Biermangel bemerkbar: ab 11 Uhr wurde nichts mehr ausgeschenkt.

Das Schwerste für jeden Urlauber ist aber der Abschied von der Familie. Manche Frau sagt: Wenn mein Mann doch wieder fort muß, dann wär mir fast lieber, er erhielte gar keinen Urlaub. Die Herbheit solcher Scheidestunde liegt heute wie ein Druck auf der ganzen Gemeinde. Nach dem Sonntagsgottesdienst drückt jeder verlegen dem scheidenden Bürgermeister die Hand und wünscht ihm Glück. Und daheim in der Stube sammelt die Mutter ihre 7 Kinder, herunter bis zum Zweijährigen, das den Vater gar nicht wiedererkannte, als er vom Feld zurückkam. Alles liegt schon bereit: auf dem Stuhl der verdeckte Helm; auf dem Tisch der offene Tornister, bepackt mit frischer Wäsche, Würsten, Zitronensaft, Brot, Eiern. Am Kleiderhaken, wo sonst des Bauern blauer Schurz und Arbeitskittel friedlich baumeln, hängt straff und eisern das Gewehr mit der Patronentasche. Welches Bild in einer Bauernstube! Wenn die Glocke Mittag läutet, schreitet der Urlauber schwerbepackt auf staubiger Landstraße dem Walde zu, ihm zur Seite sein Weib. Ein stummes Weh setzt sich in jedem Hause mit zu Tisch heute.

14. Juli 1915. Morgen beginnen in Stadt und Land die Ferien. Die Schularbeit war diesen Sommer durch viele Störungen gehemmt; auch die vielen Säumigen brachten Unordnung in die Schulstube.

16. Juli 1915. Der Zweite. Anton Joas, der Sohn vom Boten, ist's. Seit Anfang stand er im Feld, hat so vieles mitgemacht, alles Leid

und Schrecken des 12. Reserve-Regiments getragen, das Eiserne Kreuz sich erworben, ist zum Gefreiten befördert worden, und nun, in der Nacht vom 9. auf 10. Juli, nach fast ganzjährigem Ausharren, der Heldentod. Eine feindliche Mine hat ihn gebracht. Noch 4 Kameraden starben mit ihm. Und der, der verschont blieb, setzte sich hin und schrieb die traurige Kunde in die Heimat; heute mittag kam der Brief. „Ich hatt' einen Kameraden" schreibt er, und er werde dem Gefallenen einen Sarg machen und ihn begraben.

Aus heiterem Himmel schlug die Nachricht in die Familie ein. Man glaubte nach den heftigen Arras-Kämpfen wieder etwas sicher sein zu dürfen und gab sich der Hoffnung mehr als sonst hin. Doch

„Ach, vielleicht, indem wir hoffen,
hat uns Unheil schon getroffen!"

Da stehen sie nun, den Brief in der Hand und wissen nicht, wo ein und wo aus. Vor das Haus rennen sie und rufen den Nachbar um Hilfe — doch was soll der helfen? Sie klagen und wollen anklagen und wissen nicht wen. Fort wollen sie, um ihn nochmals zu sehen, und wissen nicht wohin.

Besonders schwer trifft es die Mutter: „Der liebste von meinen Buben war er mir. Für ihn habe ich gearbeitet, auf ihn gewartet, nun ist all mein Werk umsonst. Nun ist mir alles gleich, ob die Franzosen kommen oder nicht." Sie setzt sich auf die „Schlacht" vor dem Haus und beginnt zu sinnen und mit sich selbst Zwiesprache zu halten. Wie brav, wie gewissenhaft ist er gewesen! Wie hat er alles zusammengehalten, wie gut ist er mit dem Vater ausgekommen! Und jedesmal legte er ein Blümlein aus Frankreichs Erde in den Brief, bestimmt für die Mutter. „Er war mir ans Herz gewachsen!" Als er ins Feld zog, da sagte sie: „Anton, wenn am

Abend die Sonne untergeht, dann schau ich immer zu ihr hinauf, mach's auch so und denk dabei an mich!"

Du alte, graue Mutter! Da sitzt du auf dem harten Stein. Die Sonne ist untergegangen für dich.

18. Juli 1915. Die Leute erzählen von vielen Truppenbeförderungen von Ost nach West. Auch viele Soldaten aus der Garnison kamen in letzter Zeit ins Feld, darunter Kühner Hans nach knapp zweimonatiger Ausbildung. Man vermutet eine deutsche Offensive im Westen.

25. Juli 1915. Unsere Vermutungen über eine Westoffensive waren falsch. Das Gegenteil ist eingetreten: im Osten greifen die deutsch-österreichischen Truppen von der Ostsee in Kurland drunten bis hinauf zum Dnjestr an. Die große galizische Schlacht war also nur Vorbereitung zu diesem allgemeinen Sturm. Nun erst geht es ums Ganze, nun kämpfen alle gegen alle. Bisher sind Glück und Erfolg auf unserer Seite. Das ganze Russenheer, von einem mächtigen Halbkreis umfaßt, zieht sich auf seine Festungen zurück, die allenthalben angegriffen werden. Mit Bangen erleben wir diese weltgeschichtlichen Ereignisse.

26. Juli 1915. Am Gottesdienst für Anton Joas nahm die ganze Umgegend teil. Er ruht mit den vier Kameraden, die gemeinsam mit ihm starben, auf dem Soldatenfriedhof zu Gaverelles.

Unter seinen hinterlassenen Habseligkeiten, die vom Felde nach Hause geschickt wurden, fand sich neben dem Eisernen Kreuz ein Tagebüchlein, geführt bis zum 8. Februar. Die Stichworte und knappen Sätze, geschrieben auf dem Tornister, im Biwak, im Unterstand, im Quartier, atmen die scharfe Luft des Krieges selbst.

Wir entnehmen daraus: „Ausmarsch am 12. August 1914, früh 4 Uhr. Erstes Quartier in Leiweiler. — 15. August deutschen Flieger abgeschossen, Biwak. — 20. August schwieriges Gefecht am Bannerwald am Saarkanal. — 21. August Vormarsch bis Grenze, große Beute an Brot, Hafer usw. — 22. August 200 Gefangene. — 27. August Fort Manonvillers abends 5 Uhr gefallen. Wache in Herbreville. — 1. September fürchterliches Schrapnellfeuer den ganzen Tag. — 2. September Rasttag. 8. September Vieh, Schafe beitreiben. — 28. September verladen in Metz-Sablon, ausgeladen bei Cambrai. 2 Tage Vormarsch nach Douai, Gefecht bei Oppy. — 3. Oktober im Kloster bei Oppy; Hemd, Wein. — 4. Oktober Gefecht, nachts Sturmangriff, Braun gefallen, zwei Verwundete. — 6. Oktober morgens Bahnübergang, eigenes Artilleriefeuer, nachmittags Schrapnellfeuer, abends Turkos gefangen, teilweise erschossen. — 8. Oktober Sturmangriff mißlungen, dann Ablösung durch Preußen, abends Ortschaft Farbus. — 24. Oktober früh 1 Uhr Abmarsch, Schützengrabenmachen unter Artilleriefeuer, 2 gefallen, 2 verwundet; abends ungemeines Artilleriefeuer, dann Angriff der Franzosen, Signal blasen hören. — 26. Oktober ein Blindgänger einen Meter hinter meinem Schützenloch eingeschlagen; nachts abwechselnd wachen. — 27. Oktober Infanteriefeuer, um 2 Uhr gemeines Artilleriefeuer, Verzweiflungsfeuer. — 4. November nachts 12 Uhr Sturm auf Messoplance, im Garten den Tornister zurückgelassen, nachts wieder geholt. — 5. November nachmittags 4 Uhr zurück wegen zu starkem Artilleriefeuer, schwere Verluste. Abends wieder in die Stellung vor, nachts starkes Infanteriefeuer. — 6. November morgens Verwundete sammeln, tagsüber in den Schützengräben fast kein Feuer. — 8. November abends abgelöst, noch

18 Mann. — 16. Januar morgens französischer Angriff, fast gefangen, 40 Mann Verlust. — 20. Januar in Farbus Granatsplitter am Finger. — 8. Februar nach Frenoi zur Königsparade."

1. August 1915. Der Jahrtag des Kriegsbeginns ist Opfertag für das Rote Kreuz und für Kriegsinvalide; Ergebnis dahier 71 Mark. Eine Eiersammlung für Lazarette erbrachte 200 Stück.

Das neue Wirtschaftsjahr wird vorbereitet. Die alten Mahlscheine laufen am 15. August ab; um die neuen muß jetzt schon nachgesucht werden. Um einen Überblick über die verfügbaren Mengen zu bekommen, mußten schon im voraus Ernteschätzungen vorgenommen werden. Die hiesige Schätzkommission, bestehend aus dem stellvertretenden Bürgermeister und einigen Landwirten, nahm für heuer an: ein Hektar Land erträgt 24 Zentner Weizen oder 16 Zentner Roggen oder 14 Zentner Gerste oder 20 Zentner Haber. Die Höchstpreise betragen für den Zentner Weizen 13,40 Mark, Roggen 11,50 Mark, Gerste und Haber je 15 Mark. Der Bauer darf für seinen eigenen Bedarf ungefähr die gleichen Mengen zurückbehalten wie bisher: von Weizen, Fesen oder Roggen insgesamt 9 kg pro Kopf und Monat, außerdem das Saatgut; von Haber 1 Zentner pro Monat und Pferd, außerdem wieder das Saatgut; von Gerste die Hälfte zu beliebiger Verwendung.

Die Einbringung der neuen Ernte, von der doch schon bald gelebt werden soll, verzögert sich infolge der wechselhaften Witterung. Auch erhielten die Bauern nicht so viele Erntesoldaten, wie sie verlangt hatten; es sind nur sieben eingewiesen worden.

8. August 1915. Die Generaloffensive im Osten hat schon zu ganz großen Ergebnissen geführt. Am Donnerstag nachmittags 2 Uhr, die Bauern arbeiteten alle auf dem Felde, fing es in mehreren

Ortschaften zu läuten und zu schießen an. Die Landleute riefen einander zu, das werde wohl Warschau bedeuten. Abends erfuhren wir dann, daß die polnische Hauptstadt tatsächlich gefallen ist. Ist nun der Krieg bald zu Ende? fragen die ewig Hoffenden. Die Russen ziehen sich auf die Buglinie zurück.

In den letzten Vogesenkämpfen erlitt Josef Knaier einen Schuß durch die linke Achsel.

15. August 1915. Die Ernte ist zu Ende. Allgemeinbefund gut, die Schätzungen der Kommission dürften übertroffen sein. Auch die Erntesoldaten mußten wieder fort, heute die letzten.

Die Gemeinderechnungen für 1914 wurden aufgestellt. Sie sind vom Krieg fast gar nicht beeinflußt. Mit Ausnahme von ein paar Wohltätigkeitsspenden und Rekrutengeldern (jeder Einrückende erhält 5 Mark) stellte der Krieg keine Anforderungen an die Gemeindekasse. Die Umlagen wurden sogar von 147% auf 100% herabgesetzt.

Unterdessen marschieren im Osten unsere Truppen in Gewaltmärschen nach Rußland hinein: Hindenburg von Norden, Prinz Leopold von Westen, Mackensen von Süden. — Die Balkanvölker liegen immer noch auf der Lauer und können sich nicht entscheiden. Bulgarien wird, so meinen wir, den Anstoß geben, indem es an Serbien den Krieg erklärt. Was dann die andern tun, ist dunkel.

27. August 1915. Ganz Deutschland jubelt diese Wochen in Freude — es ist Siegeszeit. Fast jeden Tag hören wir von gefallenen Festungen, großen Gefangenenzahlen; Läuten und Böllerschießen ohne Ende. Die Einnahme der Festung Nowo-Georgiewsk bei Warschau brachte allein 85000 Gefangene und 700 Geschütze.

Gestern abend wurde bekannt, daß auch das Bollwerk am Bug, Brest-Litowsk, bereits gefallen ist.

Hans Kühner kämpft in Rußland in vorderster Reihe.

30. August 1915. Die Grummeternte konnte bei guter Witterung in voriger Woche großenteils geborgen werden. Auch hier reichliche und gute Erträge.

7. September 1915. Wie hat sich die Sonntagsunterhaltung im Wirtshaus gegen früher geändert. Da erzählt ein Urlauber, der hier Bekannte besucht hat, von den Minen- und Handgranatenkämpfen bei St. Mihiel; Sankt Michel, sagt er, und hat recht; so ist's gut deutsch. Wie der geht, kommt ein anderer Feldgrauer aus dem Nachbardorf zur Tür herein; er ist eben vom Lazarett entlassen worden, war in Rußland bei der Offensive in Galizien und dem Sturm auf Przemysl dabei und wurde in Polen verwundet. Da gibt's zu erzählen! Von unendlichen Märschen, an deren Ende die müden Soldaten hinsinken auf dem Fleck, wo sie stehen, und einschlafen vor Hunger und Durst; von elenden Hütten mit einem einzigen Raum für Menschen und Vieh; von Dreck; von „Bauern" mit einem Tagwerk Grundbesitz, die vor dem Haus mit zwei Steinen eigenhändig das Getreide zermahlen und daraus Schrotkornbrot backen; von großen Meierhöfen mit Tausenden von Hektar, die im Besitz der Juden sind. Da horchen die Bauern auf und verstehen den Unterschied zwischen Rußland und Deutschland. Und wenn der von Rußland eine Pause macht, fällt oben am Tisch Alois Denzel, der in Urlaub hier ist, ein und berichtet vom deutschen Vormarsch durch Belgien und Nordfrankreich, von Franktireurs, von Schlössern mit Wein, seidenen Betten und gebratenen Gänsen. Welch ein Gegensatz! — Und dann kommen die Finanz-

fragen zur Sprache. Die dritte Kriegsanleihe, 5%, Kurs 99, ist ausgeschrieben, man lernt das Getriebe des Geldwesens kennen, man bemüht sich zu sparen, weil alles zeichnen will.

Auch unser zweiter Vogesenkämpfer, Anton Zahn, liegt verwundet in Kolmar. Eine kurze, amtliche Mitteilung besagt: Schwer verwundet am linken Oberarm.

11. September 1915. Am Donnerstag, den 9., Wiederbeginn des Unterrichts.

Heute wurden aus Silheim 315 Zentner Haber ans Heer abgeliefert.

Unsere Heere schreiten weiter nach Rußland vor.

15. September 1915. Am Sonntag hatten wir, der stellvertretende Bürgermeister und ich, die schöne Aufgabe, von Haus zu Haus alles Messing, Kupfer und Nickel aufzuschreiben. Die Hausfrauen machten böse Gesichter, als sie ihre messingenen Pfannen und kupfernen Herdschiffe angeben mußten. Reinnickel war nicht vorhanden. Nebenbei hatten wir auch Zählung der Gerstenvorräte und Werbung für die Kriegsanleihe.

Heute müssen sich alle früher gänzlich Ausgemusterten zur Stammrolle anmelden. Sie haben nächstens Musterung.

Alles erwartet eine baldige Offensive der Deutschen im Westen, weil man meint, der Krieg solle vor dem Winter noch zu Ende gehen.

23. September 1915. Kartoffelernte. Die Leute brauchen ihre Kinder, wir müssen daher für die oberen Klassen den Unterricht doch nochmals aussetzen.

Der russische Vormarsch macht Riesenschritte. Man gewöhnt sich so sehr an die Siegesnachrichten, daß die Einnahme von Wilna

ganz stillschweigend und als Selbstverständlichkeit hingenommen wird.
Gestern die überraschende Meldung, daß deutsche Kanonen nach Serbien hineinschießen. Wo etwas geschehen soll, müssen der deutsche Soldat und Führer voran. Österreich kann selbständig wenig unternehmen. Nun muß sich die Balkanspannung doch bald lösen.

25. September 1915. Die Eingaben an die Behörden mehren sich von Tag zu Tag. Will der Bauer für seinen Sohn oder die Bäurin für ihren Mann Ernte- oder Saaturlaub, so müssen sie darum nachsuchen. Kaum ist dann der Urlauber zu Hause, so wird um Verlängerung der Urlaubszeit eingegeben. Auch verschiedene Geldunterstützungen werden nur auf Grund von Eingaben gewährt. Da wird dann, um des Erfolges willen, gar oft geheuchelt, verelendet, ja gelogen und geschwindelt, daß auf die Dauer der Charakter des Volkes unter dieser unschönen Begleiterscheinung des Krieges leiden muß. Die Bürgermeister können meist nicht anders, als diese Eingaben zu bestätigen und sie mit dem Amtssiegel versehen weiterzuleiten. Wie sollen nun Bezirksamt und Truppenteil den wirklichen Notstand herausfinden? So ist es kein Wunder, wenn Urlaub und Unterstützung nicht immer dahin fallen, wo sie am nötigsten wären.
Kartoffelernte beendet: ungewöhnlich reichlich.
Kühner steht nun auf dem serbischen Kriegsschauplatz, Belgrad gegenüber.

27. September 1915. Der Sturm im Westen hat, wie die gewitterschwülen Wochen ahnen ließen, begonnen; jedoch: Engländer und Franzosen sind die Stürmer! Wir wieder in Verteidigung. Nach tagelangem Artilleriefeuer griff der Feind an zwei Stellen an:

zwischen Ypern und Arras die Engländer, zwischen Reims und Argonnen die Franzosen. Die Angriffe, monatelang vorbereitet, sind schwerster Art, sie sollen nach dem Willen unserer Feinde den großen Durchbruch nach Belgien und dem Rhein bringen. Unsern Truppen stehen harte Tage, vielleicht Wochen, bevor.

Die dritte Kriegsanleihe brachte 12 Milliarden. Der hiesige Armenfond mit 600 Mark wurde dazu gegeben. Auch sonst haben die Leute eifrig gezeichnet.

2. Oktober 1915. Der erste Blick in die Zeitung gilt jetzt dem westlichen Kriegsschauplatz. Die begonnene Offensive scheint wieder stecken zu bleiben. Sie kostete uns zwar viele tausend Gefangene, aber der Durchbruch ist mißlungen. Hoffen wir auch ferner auf gute Nachrichten!

Im Osten langsame Fortschritte; schon wochenlang wird um Dünaburg gekämpft. Die Aussichten auf Frieden in diesem Jahre noch werden immer trüber.

9. Oktober 1915. Eine Woche mit schlechter, kalter Witterung. Mit Schaudern denkt man an die nun wieder beginnende Verschlammung der Schützengräben.

Im Westen gehen die wütenden Angriffe der Franzosen in der Champagne fort. Fast Tag für Tag rennen sie gegen die deutschen Linien an, äußerste Anstrengung unserer Truppen nur kann diese Stürme der Verzweiflung aufhalten. Die Engländer haben ihre Angriffe eingestellt.

Und was geht in Südost vor? Der brodelnde Kessel muß nun doch Gestalten aufsteigen lassen. Bulgarien wird gegen Serbien gehen, das ist nun klar. Rumänien wird vorläufig neutral bleiben. In Griechenland geht alles drunter und drüber. Inzwischen landen die Westmächte Truppen in Saloniki, um den Serben zu Hilfe zu eilen, in deren Land die Österreicher und Deutschen bereits einmarschiert sind.

Die Preise für Lebensmittel steigen: ein Ei kostet 15, ein Krautkopf 32, ein Pfund Malzkaffee 60 Pfg.; ein Pfund Fleisch 1—1,40 Mark, ein Pfund Butter 1,80 Mark. Die Frage: was sollen wir essen? ist mit jedem Tag schwieriger zu beantworten. Die Bauern behelfen sich meist damit, daß sie die Mahlvorschriften umgehen und größere Mengen in die Mühle fahren, als auf dem Mahlschein stehen.

12. Oktober 1915. Die 10000 Deutschen, die in russischer Gefangenschaft leben, sollen mit Liebesgaben erfreut werden. Zu diesem Zwecke wird zur Zeit Geld gesammelt. Dahier wurden 29 Mark gespendet.

16. Oktober 1915. Kirchweihsamstag. Als die Soldaten im August 1914 ausmarschierten, hofften sie an Kirchweih wieder daheim zu sein. Nun ist die zweite Kirchweih und kein Mensch traut sich getrost behaupten, daß sie an der dritten Kirchweih zu Hause sind. Die Bauern säen und legen damit unbewußt den Grund zur Weiterführung des Krieges.

Die Kriegslage ist zur Zeit nicht ungünstig für uns: Belgrad gefallen, Bulgarien an unserer Seite, Rumänien und Griechenland neutral bleibend — das ist mehr als wir zu hoffen wagten. Und doch werden Volk und Heer langsam kriegsmüde.

Einer unserer Neunzehnjährigen mußte bereits einrücken.

23. Oktober 1915. Auch die Arrasfront, wo unser 12. Reserve-Regiment liegt, war in letzter Zeit wieder den Angriffen der Franzosen ausgesetzt. Andreas Ebner schreibt darüber: „28. 9. Die Fran-

zosen setzen wieder alles daran, um durchzukommen. Die Artillerie verschießt eine Unmenge Munition, jedoch ihre Infanterie traut sich nicht heraus. Wenn sie von uns Maschinengewehre hören, laufen sie alle davon. 5. 10. Bei uns ist die französische Offensive vollständig gescheitert. Zwei Tage und Nächte beschossen sie unsere Stellung mit Kanonen aller Kaliber. Auch verwendeten sie Gas- und Stinkgranaten; über 500 Minen schwerster Gattung warfen sie auf unseren Kompagnierayon. Wir paßten aber scharf auf, und als die ersten zum Sturm ansetzten, eröffnete unsere Artillerie ein solches Feuer aus 15- und 21-cm-Mörsern, daß niemand mehr den Graben verlassen konnte. Dreimal versuchten sie den Sturm vergebens." Die Briefe sind geschrieben in Biache.

31. Oktober 1915. Das Fleisch beginnt zu mangeln. Daher verfügte der Bundesrat: Ab 1. November dürfen an Dienstagen und Freitagen nirgends mehr Fleisch, Fleischware und Fleischspeise verkauft werden; an Montagen und Donnerstagen darf in Wirtschaften kein Fleisch abgegeben werden, das mit Fett gekocht ist; an Samstagen gibt es kein Schweinefleisch.

Unsere Truppen dringen von Norden her immer weiter ins gebirgige Serbien ein; die Bulgaren arbeiten ihnen von Süden und Osten her in die Hände. Nachträglich erfährt man, daß der Übergang über die Donau sehr schwierig und verlustreich war.

Im Westen lassen die feindlichen Angriffe endlich nach. Dagegen rennen die Italiener wieder einmal vergebens gegen die österreichische Stellung an.

1. November 1915. Allerseelenzeit! Auf unserm Dorffriedhof steht in der Südostecke ein sinniges Feldgrab zur Erinnerung an unsere

Gefallenen: ein unbehauenes Holzkreuz, umgeben von Tujen und Weißtannen.

6. November 1915. Wieder ein schwarzer Tag! Johann Joas ist gefallen. Der zweite aus einem Haus. Doch, was fragt der Krieg danach!

8. November 1915. Nisch, der serbische Hauptwaffenplatz, wurde von den Bulgaren erobert. Die Regierung ordnete deswegen einen schulfreien Tag an. Die neu angeschaffte schwarz-weiß-rote Fahne weht zum erstenmal vom Schulhausgiebel.
Josef Berchtold ist in Urlaub hier; das vordere Glied des rechten Zeigefingers ist ihm abgeschossen.
Der 30. Oktober war ein Unglückstag für unsere Gegend. Es fielen mit Joas Hans zwei seiner Kameraden aus der Nachbargemeinde Großkissendorf; es wurde beim gleichen Angriff Wolf Josef, der mit Joas im Januar einrückte, schwer verwundet. Lauter junge Menschen von 20 Jahren!

15. November 1915. Johann Joas starb einen schnellen Tod: Kopfschuß. Der deutsche Heeresbericht vom 30. Oktober meldete, daß bayerische Truppen nordöstlich von Neuville, nördlich von Arras, ein Stück der französischen Stellung in Länge von 1,1 km genommen haben. Diese Unternehmung, die lediglich eine Verbesserung der Grabenlinie bezweckte, kostete Joas das Leben. Ein Kamerad aus seiner Kompagnie berichtet darüber: In der Morgendämmerung wurden vier deutsche Minen abgeschossen; das war das Zeichen zum Angriff. Die Nachbarkompagnien stürmten vor, wir blieben in Bereitschaft. Der Angriff glückte mit wenig Verlusten. Mittags 12½ Uhr mußten wir die Truppen im eroberten Graben ablösen. Der Graben war schlecht ausgebaut und

bot wenig Deckung. Um 1 Uhr setzte französisches Trommelfeuer ein und dauerte einige Stunden. Gegen 4 Uhr machten die Franzosen Vorbereitungen zu einem Gegenangriff, wagten ihn aber nicht, da unser Graben dicht besetzt war. Mit Gewehrfeuer und Handgranatenwerfen ging das Geplänkel fort. Die Gruppe, bei der Joas war, stand an einem ungünstigen Grabenstück und war besonders dem Feuer ausgesetzt. Da traf ihn zwischen 6 und 7 Uhr abends ein Querschläger aus einem Infanteriegewehr mitten auf die Stirn. Er fiel rücklings nieder, seinem Nebenmann in die Arme, und war sofort tot. Wegen der heftigen Beschießung war es unmöglich, ihn nach rückwärts zu tragen. Er mußte noch am gleichen Abend mit zwei Kameraden an der Stelle, wo er gefallen war, beerdigt werden. Das Grabenstück wurde bald darauf aufgefüllt und eingeebnet; kein Kreuz bezeichnet sein Grab. Die Stelle liegt ½ Stunde nördlich von Vimy auf der Höhe.

24. November 1915. Die Getreide-, Mehl- und Fettvorräte wurden aufgenommen. Die Zählung ergab hier: 264 Zentner Roggen, 180 Zentner Weizen, 397 Zentner Fesen, 218 Zentner Gerste, 252 Zentner Haber, 25 Zentner Roggenmehl, 31 Zentner Weizenmehl, 8 Pfund Butter, 35 Pfund Butterschmalz, 144 Pfund Schweineschmalz. Die Angaben werden wohl zu niedrig sein; die Bauern lassen sich nicht mehr gern in ihre Speicher und Töpfe gucken — je weniger sie angeben, desto weniger brauchen sie abliefern. Für Gerste werden zur Zeit von Brauereien hohe Preise bezahlt. Ein kleiner Söldner erhielt für 18 Zentner Gerste 312 Mark.

Nun wird schon für die zweite Soldatenweihnacht gesammelt. Ergebnis: 51 Mark.

Serbien ist am Ende seiner Kraft, fast das ganze Land ist besetzt.

28. November 1915. Früher Winter. Viel Schnee, hohe Kälte. Doch ist die Besorgnis um unsere Truppen heuer geringer, weil wir wissen, daß sie für den Winter besser vorbereitet sind als im Vorjahre; den ganzen Sommer und Herbst wurde am Ausbau der Stellungen gearbeitet.

Lorenz Dirr ist in Urlaub hier und erzählt allerhand vom Krieg, Gutes und Schlimmes. Die Berichte der Soldaten über die Verhältnisse an der Front sind sehr verschieden. Das deutet darauf hin, daß Stimmung, Verpflegung, Haltung der Vorgesetzten bei den einzelnen Truppenteilen ungleich sind. Das Bedenklichste ist wohl, daß sich im Heer so langsam die Meinung breit macht, der Krieg wäre nicht notwendig gewesen, sei vielmehr eine gewollte Veranstaltung der „Großen" aller Länder. Das Wort „Schwindel" dringt immer häufiger von der Front in die Heimat. Dazu werden die Friedenshoffnungen immer wieder getäuscht. Der November, auf den die Leute als äußersten Termin vor dem Winter hofften, ist ohne Friedensaussicht zu Ende gegangen.

2. Dezember 1915. Gottesdienst für Johann Joas. Die Jungfrauen der Gemeinde hatten Tumba und Feldgrab geschmückt.

Zu seinem Andenken und dem Andenken all jener einfachen Menschen, die den Krieg erleben wie er: in einer Mischung von Humor und Angst, sei einer seiner ungekünstelt-natürlichen Feldpostbriefe festgehalten: „Schützengraben den 10. 9. 15. Meine Lieben! Habe alle drei Pakete erhalten, wofür ich bestens danke. Bin immer gesund und habe guten Humor, was hier das beste ist. Ihr habt erfahren, daß es mir schon nahe gestanden ist; ich hab es Euch nicht geschrieben, daß Ihr nicht so erschreckt seid. Es ging so: Als wir am selbigen Abend abgelöst wurden, merkten dies die Franzmänner, da es so trocken war und man das Trappen weit hörte. Ich und noch sieben Kameraden waren ungefähr zehn Meter von unserem Unterstand weg im Schützengraben an die Wand gelehnt. Auf einmal kam eine Granate und zwar der Flachbahnseppl — das ist die leichte Artillerie — über uns hinweg und schlug fünf Meter über meinem Unterstand ein. Es warf mich an die Wand, daß meine linke Hand eine Viertelstunde kein Gefühl mehr hatte. Einen solchen Luftdruck hat so ein Eisen- oder Stahlklotzen! Und die Splitter schlugen neben mir ein. Dann ging es so schnell wie möglich in den Unterstand hinein. Da schlug die zweite einen Meter von meinem Tornister entfernt, der vor dem Unterstand lehnte, ein; es war zum Glück ein Blindgänger. Sonst ist unsere Stellung sehr gut. Hemden habe ich 5 Stück bei mir. Ich habe immer noch das erste an. Es kommt nur herunter, wenn man lausen tut; denn Läuse gibt es wie die Zwetschgen so groß; die lassen einem keine Ruh bei Nacht. Bin ganz verstochen am ganzen Leib vom Kopf bis zum Fuß. Die Hose kam noch nicht von den Füßen weg. Ihr könnt mir Kaffee schicken, aber gemahlen; man hat den ganzen Tag Zeit zum Kaffeekochen hier im Schützengraben. Wenn wir zurückkommen ins Quartier, so können wir auch Milch dazu kaufen. Der Infanterist ist die reinste Wühlmaus, ist das mindeste Geschöpf in diesem Krieg. Er steht da im Schützengraben und weiß nicht, wann es ihn trifft, jetzt oder gleich. Und der Artillerist ist der „Mäxe" in meiner Stellung hier; die wissen nicht, was sie alles anfangen und saufen müssen. Sonst gibt es nichts Neues hier."

Und nun haben wir ihm, dem kaum Zwanzigjährigen, Lebensfrohen, schon das Requiem gesungen.

3. Dezember 1915. Der serbische Feldzug wird für beendet erklärt;

ganz Serbien ist besetzt, das Heer gefangen und geschlagen. Deutsche Truppen, die dort kämpften, werden nach Frankreich verschoben.

5. Dezember 1915. Die strenge Kälte ist warmem Tauwetter gewichen.

Unsere Achtzehnjährigen waren bei der Musterung; drei von ihnen sind tauglich befunden, die übrigen zurückgestellt worden.

13. Dezember 1915. Zahn Josef ist in Urlaub hier. Sein Arm ist lahm, zwei Schrapnellkugeln haben die Nerven des Oberarms durchschlagen. Durch Operation wurde versucht, den Arm wieder bewegungsfähig zu machen.

Im Ulmer Bahnhof fallen die vielen Truppenzüge nach Westen auf. Alles spricht von der kommenden deutschen Offensive.

Die Sozialdemokraten stellten im Reichstag den Antrag, mit Friedensangeboten an die Feinde heranzutreten. Sie finden damit wenig Echo; trotz aller Friedenssehnsucht glaubt niemand an den Erfolg eines solchen Schrittes bei der gegenwärtigen Kriegslage. Man befürchtet im Gegenteil, daß die Feinde ein Friedensangebot als Zeichen unserer beginnenden Schwäche deuten und daraus neuen Mut schöpfen.

25. Dezember 1915. Zweite Kriegsweihnacht! Viele Garnisonssoldaten sind über die Feiertage in Urlaub hier. Wetter lau und schmutzig.

Sylvester 1915. Die erbitterten Kämpfe des Jahres 1915 haben draußen im Feld dazu geführt, daß heuer nicht einmal der Weihnachtsfriede geachtet wurde. Andreas Ebner schreibt in einem knappen Brief aus dem Schützengraben am 25. 12: „Heute ist Weihnachten. Wir sind in erster Linie südlich von Arras bei Tiloi. Bei den Franzmännern gibt's kein Weihnachten. Sie schossen die ganze Nacht und heute auch. Natürlich regnet es immer noch."

Wie an der Front, so beginnt auch in der Heimat die Gesinnung zu verwildern. Hier wie dort sind die Entbehrungen und Opfer zu ungleich verteilt. Die Vorschriften über Brotstreckung z. B. werden von den Bauern längst nicht mehr beachtet. Nur wer auf die Brotkarte angewiesen ist, ißt Kartoffelbrot und Semmeln aus dunklem Mehl. Die Bauern backen wieder wie früher. Lautet ihr Mahlschein auf 1 Zentner, so nehmen sie das Doppelte mit in die Mühle. Kommt zufällig eine Kontrolle, so werden Müller und Bauer um einige Mark bestraft. Das schreckt nicht; denn Geld ist heute mehr im Bauernhaus als je. Die Erzeugnisse sind hoch im Preis und sehr begehrt. So wird der Krieg für viele Menschen (nicht nur aus der Landwirtschaft sondern auch aus Handel, Gewerbe und Industrie) zum guten Geschäft. Daher darf man leider nicht jeden Friedenswunsch, der heute an der Jahreswende geäußert wird, ernst nehmen.

7. Januar 1916. Nun haben wir wieder seit Wochen diesen häßlichen Winter mit Regen, Regen, Wind und Schmutz. Wir denken wieder an die Soldaten in überschwemmten Gräben, in einfallenden Unterständen. Es ist unglaublich, was in diesem Krieg an Geduld und Ausdauer getragen wird!

13. Januar 1916. Heute schulfrei, weil die Engländer in der Nacht zum 9. Januar die Halbinsel Gallipoli vollends räumen mußten. Das bedeutet für unsere türkischen Bundesgenossen einen großen Erfolg; die Gefahr für ihre Hauptstadt und für ihren Staat ist damit zunächst abgewendet.

In Montenegro geht der Vormarsch der Österreicher langsam, aber sicher weiter.

19. Januar 1916. Die erste kleine Friedensglocke! Gestern kam die überraschende Meldung, daß König und Regierung von Montenegro an Österreich mit der Bitte um Friedensverhandlungen herangetreten sind und die verlangte bedingungslose Waffenstreckung angenommen haben. Eine Schwalbe macht zwar noch keinen Sommer, aber sie ist doch Vorbote des Sommers und gibt uns Hoffnung auf bessere Zeit. Einer der englischen Vasallen hat nun sein feierliches Versprechen, keinen Sonderfrieden zu schließen, gebrochen: vielleicht folgen noch mehrere diesem Beispiel!

24. Januar 1916. Josef Müller, anfangs zurückgestellt, muß morgen zum Leibregiment einrücken.

Einige Preise sollen die wirtschaftliche Lage wieder etwas beleuchten: 1 Ei heute 18 Pfg. (im Frieden 8 Pfg.); 1 Pfund Butter 1,75 Mark (1,20 Mark); 1 Pfund Schweineschmalz 2 Mark (1 Mark); 1 Pfund Rinderschmalz 2 Mark (1,30 Mark); 1 Pfund Seife 1,20 Mark (32 Pfg.); 1 Pfund Kerzen 2,40 Mark (60 Pfg.); 1 Pfund Salatöl 2 Mark (70 Pfg.); 1 Pfund Haferflocken 72 Pfg. (40 Pfg.); 1 Pfund Rollgerste 70 Pfg. (24 Pfg.); 1 Pfund Malzkaffee 60 Pfg. (35 Pfg.); 1 Pfund Reis 70 Pfg. (24 Pfg.); 1 Pfund Rindfleisch 1,10 Mark (90 Pfg.); 1 Pfund Kalbfleisch 1 Mark (85 Pfg.); 1 Pfund Schweinefleisch 1,40 Mark (90 Pfg.); 1 Pfund Weizenmehl 27 Pfg. (20 Pfg.). Die Preise für Butter, Schweinefleisch und Weizenmehl sind gesetzliche Höchstpreise, sonst wären sie erheblich höher. Nicht feststellbar ist der Aufschlag in Woll- und Baumwollwaren, Pelzen, Schuhwerk, Geräten aller Art, Möbeln, Löhnen usw. Die Teuerung beträgt für Gegenstände des täglichen Bedarfs durchschnittlich gegen

100%. 1 Pfund Strickwolle z. B. kostet 7,50 Mark (3,50 Mark); Gummischnuller für kleine Kinder sind kaum mehr zu haben. Es wird nur mehr das Notwendigste gekauft. Das muß gute Geschäfte geben nach dem Krieg.

27. Januar 1916. Eine neuerliche Aufnahme der Getreide- und Mehlbestände zeigt deutlich, wie ungenau die Leute ihre Angaben im Herbst machten. Es wurden diesmal fast ebenso hohe, in Weizen sogar höhere Angaben gemacht als am 16. November 1915, trotzdem doch inzwischen verkauft und verbraucht wurde. Auf Grund der niedrigen Angaben von damals erklärte die Reichsstelle für Brotversorgung, zu strengeren Maßnahmen greifen zu müssen: kürzere Brotkarte und dunkleres Mehl. Das wäre bei richtiger Angabe nicht nötig gewesen. Durch solche Kurzsichtigkeit wird die Not, die ohnehin groß genug ist, noch künstlich gesteigert.

6. Februar 1916. Bei unserer letzten Preisliste hätte das Brennholz nicht fehlen dürfen. Die Klafter Fichtenholz kostet 40 Mark, Hartholz 50 Mark. Die Waldbesitzer schlagen jetzt viel Holz, weil es guten Erlös gibt.

Auf den Kriegsschauplätzen Winterruhe; nur im Westen Einzelkämpfe, wobei meistens die Deutschen die Angreifer sind. Vorbereitung einer Offensive?

14. Februar 1916. Eine neuerliche Viehzählung zeigte, daß sich der Viehstand auf der Höhe hält. Es wird zwar viel Vieh verkauft, aber auch viel nachgezogen.

19. Februar 1916. Ruhe vor dem Sturm — so liegt es in der Luft und auf den Nerven des Volkes. Alles spricht von der kommenden großen Westoffensive. Die ganz Gescheiten wissen auch, wo und wie

sie beginnt, sogar wie lange die Artillerievorbereitung dauert. Gewiß wird im Frühling ein neuer, zäher (letzter?) Kampf anheben; die ganze Welt harrt darauf. Unsere Sorge muß sein, daß das, was kommt, gelingt, alles andere ist Nebensache.

Wolf Josef, der bei der gleichen Unternehmung, die Joas Hans das Leben kostete, verschüttet wurde, ist nun wieder soweit hergestellt, daß er dieser Tage zum Ersatzbataillon einrücken konnte. Er wird jedoch nicht mehr kriegsverwendungsfähig werden; denn seine Verletzungen waren sehr schwer. Er erzählte darüber: „Als ich um ¼8 Uhr mit den andern aus dem Graben springen wollte, um nachzustürmen, schlug vor dem Graben eine feindliche Mine ein. Das aufgerissene Erdreich begrub mich bei lebendigem Leibe im Graben. Ein Kamerad grub sofort meinen Kopf aus und rettete mir dadurch das Leben. Weiterzugraben hatte er keine Zeit, er mußte mit den andern vorstürmen. Erst nach einer Stunde kamen Pioniere und gruben mich vollends aus. Sanitäter trugen mich in den Unterstand, wo ich das Bewußtsein verlor. Als ich wieder zu mir kam, wurde der Graben heftig beschossen. Ich machte mich auf und ging auf einem Bein, mich mit den Händen an den Grabenwänden stützend, zum Hauptverbandplatze zurück, wo ich zusammenbrach. Im Kriegslazarett Douai kam ich endlich zur Ruhe. Die Verschüttung hatte einen Bruch der Schädelbasis, eine Rückenquetschung, Quetschungen des rechten Beines und der rechten Hand verursacht."

27. Februar 1916. Nach dem milden Winter gibt es nun noch Schnee. Aus Rußland hört man von großer Kälte. Unser Bürgermeister, der dort im Abschnitt von Baranowitschi liegt, kümmert sich trotz Kälte und Krieg um seine Gemeinde. Er gibt den Rat, die Ge-

meindeumlagen nicht zu niedrig anzusetzen, weil die Bauern jetzt mehr Geld haben als vielleicht nach dem Krieg.

Im Westen werden die Einzelvorstöße der Deutschen kräftiger. Die letzten erfolgten nordöstlich von Verdun in 10 km Breite. Es wurden mehrere Dörfer und 10000 Gefangene genommen. Wir kennen das Ziel des Angriffs noch nicht, die Zeitungen schreiben nur von Frontverbesserungen. Mein Nachbar wollte wissen, Verdun mit 70000 Mann sei bereits gefallen. Es kommt nun wieder die Zeit der schwirrenden Gerüchte wie im Sommer 1915! Möge sie ebenso glücklich verlaufen wie diese — mit Glockengetön und Fahnenwehen!

An den Verein für Sanitätshunde schicke ich 6 Mark als Erlös für Ansichtskarten, die die Schulkinder kauften.

29. Februar 1916. Nun wird es offenbar, daß der Angriff von Verdun aufs Ganze geht. Er stellt die beginnende deutsche Westoffensive dar. Mit beständig zitternder Sorge richten wir unsere Augen dorthin, wo ein Teil unserer Zukunft auf dem Spiele steht, wo deutsche Brüder in unendlicher Zahl bluten und sterben. Es wäre ein harter Schlag, wenn all die Opfer und Mühen umsonst wären. Und doch ist das Vorhaben so schwer, daß wir auf ein Gelingen kaum zu hoffen wagen. Die bisherigen Erfolge gipfeln in der Erstürmung des Forts Douaumont, des nördlichen Eckpfeilers der Festung.

Seit 1. Januar werden für Brotgetreide Zuschläge bis zu 1,40 Mark, für Gerste und Haber bis zu 3 Mark für den Ztr. bezahlt. Dadurch soll eine größere Ablieferung erreicht und die immer steigende Verfütterung von Roggen verhindert werden. Die Maßnahme ist bedenklich; jene Bauern, die ihre Überschüsse nicht zurückgehalten haben, sind nun benachteiligt.

7. März 1916. Im Kalender steht Fasching. Wir sind voll ernster Sorge um den Ausgang des Ringens bei Verdun. Nach einer Woche deutschen Vordringens folgte eine Woche französischer Gegenangriffe. Und nun ist die Witterung so schlecht — Schnee und Nässe —, daß wohl keine Kampftätigkeit möglich ist. Der Schmied, der aus der Gegend von Verdun in Urlaub gekommen ist, erzählt von riesigen Vorbereitungen und fürchterlichem Artilleriefeuer.

14. März 1916. Heute Dorfereignis ersten Ranges! Die Gemeinde suchte vor einiger Zeit um Kriegsgefangene als Ersatz für fehlende Dienstboten nach. Vom Lager Lechfeld trafen nun heute fünf Serben mit einem deutschen Wachmann ein. Mit Fuhrwerk wurden sie auf der Station abgeholt, zuerst in ihr Quartier gebracht, das ihnen in einem leeren Pfründehäuschen bereitet ist, und dann zu ihren Arbeitgebern geleitet. Möge es ihnen gut gehen dahier! Sie haben jedenfalls schon genug des Schlimmen erfahren.
Vor Verdun brachte die abgelaufene Woche wieder einige Erfolge. Westlich der Maas konnte die deutsche Front um 3 km vorgetrieben werden. Östlich der Maas wird um das Fort Vaux blutig gekämpft. Die Franzosen führen ihre Leute ununterbrochen zu Gegenangriffen vor; ihre Verluste sollen schon über 100000 Mann betragen.

18. März 1916. Die Schüler schreiben über die Serben: „Als wir aus der Schule kamen, fuhren sie gerade ins Dorf herein. Ich sagte zu meinem Bruder: Das sind Russen! Nein, sagte er, das sind Serben! Sie haben eine schwarze Uniform an und eine braune hohe Kappe auf. Der, welcher zum Wirt kam, heißt Milan. Er mußte gleich Mist verrühren. Wir Kinder schauten ihm zu. Die zwei Serben beim Boten hatten so Hunger, daß sie drei Schüsseln voll Kartof-

feln mit den Schalen aßen. Dann mußten sie Holz scheiten; sie können es ganz gut."

22. März 1916. Heute um ein Uhr war die Frist zur Zeichnung auf die vierte Kriegsanleihe zu Ende. Es wurde hiefür viel geworben in Stadt und Land. Aus bäuerlichen Kreisen sind die Zeichnungssummen sicherlich nicht klein. Auch die Darlehenskassen haben Überfluß an Geldeinlagen. So ist der Krieg: Geld genug, aber Mangel an Nahrung. Oft ist aber auch viel Opfersinn dabei, wenn die Leute ihr Geld zur Kriegsanleihe hingeben. Ein alter Mann gibt sein Sparkassenbuch zur Umwechslung mit den Worten: „An diesem Geld hängt viel Arbeit; ich und mein Weib mußten 30 Jahre lang schaffen und uns plagen, bis wir es beisammen hatten. Früher hat man das Geld nicht so leicht verdient wie jetzt!" Und eine alleinstehende Frau spricht, indem sie ihr bescheidenes Erbgut herleiht: „Nicht wahr, mein ganzes Geld gibt einen einzigen Kanonenschuß? Lieber Gott, wenn nur der Krieg zu Ende ginge!" Auch die Schulen beteiligten sich diesmal an der Zeichnung. Hier legten die Kinder 700 Mark zusammen. Die Eltern wollten damit ihren Kindern einen Spargrundstock für später schaffen. Manche Leute waren aber auch kopfscheu gemacht durch die Redensart, die man hören kann: Es ist besser, nichts zu zeichnen, dann geht der Krieg eher aus.

24. März 1916. Die Zeichnungen für Kriegsanleihe betragen in unserem Postbezirk diesmal 24000 Mark. Das ist nur ein Teil der Gesamtsumme; denn das meiste wurde bei Sparkassen, Darlehensvereinen und Banken gezeichnet.

Bei Verdun immer das gleiche Bild: größere Zwischenpausen mit sorgfältiger Artilleriebeschießung, dann wieder Infanterieangriffe an einem Teil der Front. Die Russen begannen von Riga bis

Wilna mit einer Entlastungsoffensive für die Franzosen, bisher ohne Erfolg. Auch die Italiener greifen wieder an.

30. März 1916. Das Interesse der Kinder gehört immer noch den Serben. In all ihrem Tun und Treiben werden sie sorgsam beobachtet, wie folgender Schüleraufsatz zeigt: „Am Sonntag nachmittag gehen wir jetzt immer zu den Serben. Sie tragen den Tisch vor ihr Häuslein und setzen sich heraus. Sie rauchen Zigaretten und sprechen laut und lustig miteinander. Ich verstehe gar nichts. Gestern sagte der Sonderholzer Toni zu den Serben: Serbien kaput! Da wurde der Schipko zornig und sprang ihm nach. Wir schrien und liefen davon. Aber bald trauten wir uns wieder näher hin. Da kam des Boten Knecht und sagte: Lasar, bewa (das heißt singen). Nun fingen sie an zu singen. Der Lasar sang ganz laut und hoch, die andern brummten so mit. Beim Singen machten sie ernste Gesichter und schauten immer in die Ferne. Ich glaube, daß sie an ihre Heimat dachten."
Wo singen wohl unsere gefangenen Brüder überall die deutschen Heimatlieder?

4. April 1916. Die Kriegsanleihe erbrachte 10600000000 Mark. Das ist weniger als das letztemal, daher Enttäuschung. Wenn nur nicht mehr solche Enttäuschungen kommen! Die lange Kriegsdauer drückt auf die Stimmung von Truppe und Volk immer mehr. Sonderbarer Eindruck, wenn jetzt die Serben mit unseren deutschen Mädchen zur Feldarbeit gehen und wenn am Abend die schwermütigen slawischen Volkslieder durch die Dorfstille schweben!
Die Lebensmittelpreise steigen weiterhin; Zucker wird knapp. Die Verdunkämpfe gehen langsam und zähe weiter. Die Russen-

offensive ist wieder eingestellt; die Russen sollen dabei 140000 Mann verloren haben.

Bei herrlichem Frühlingswetter ist Saatzeit. Abermals Kriegssaat! Alle in Garnison weilenden Silheimer Soldaten sind in Saaturlaub hier.

15. April 1916. Wir liefern einen halben Zentner Zeitungspapier, von den Schulkindern gesammelt, an die Garnisonsverwaltung Neu-Ulm ab. Damit sollen den Soldaten Bettsäcke gefüllt werden, um das spärliche Stroh zu sparen. Da neues Papier mangelt, werden die Zeitungen wohl bald dünner werden.

Bei einer Nachmusterung aller Zurückgestellten wurden zwei Silheimer tauglich.

19. April 1916. Eine Kuh kostet nun 1400—1500 Mark, ein Ochse 2000 Mark und darüber, ein Paar junge Schweine 170 Mark. Am meisten Kopfschütteln erregt der Zuckermangel. Im vorigen Jahre rechneten unsere Ernährungsprofessoren aus, daß Zucker genug im Lande sei, da wir früher ja ausgeführt haben. Und nun kommt die Verfügung, daß auf Kopf und Monat nur mehr zwei Pfund treffen. Das ist sehr wenig! Auch der freie Spiritusverkauf ist gesperrt. Die Fleischfrage ist nun teilweise gelöst durch Einführung der Fleischkarte ab 1. Mai. Es treffen pro Kopf und Woche 800 Gramm, für Kinder unter sechs Jahren 400 Gramm. Den kleinen Mann nützt die Fleischkarte wenig, weil er das teure Fleisch doch nicht zu kaufen vermag.

25. April 1916. Verschiedene Zählungen, darunter als wichtigste die Fleischaufnahme. Die Fleischversorgung soll nun ähnlich geregelt werden wie die Brotversorgung. Leider kommen die Höchstpreise jetzt zu spät; das Fleisch ist inzwischen schon viel zu teuer geworden.

Künftig soll gelten: 1 Zentner Lebendgewicht bei Kälbern 100 Mark, bei Schafen ohne Wolle 100 Mark, bei Kühen und Ochsen 95 bis 110 Mark. Das Fleisch wird also im Metzgerladen kaum unter 1,50 Mark pro Pfund kosten. Die Aufnahme dahier ergab 450 Pfund Sur- und Rauchfleisch. Wenn die Bauern außer ihren Vorräten noch Fleisch kaufen wollen, brauchen sie hierzu eine Fleischkarte wie die übrigen Verbraucher. Sie verzichten aber meistens darauf. Das Vieh kann künftig nur an die vom Kommunalverband aufgestellten Aufkäufer verkauft werden, die es dann erst den Metzgern zuweisen.

2. Mai 1916. Seit gestern morgen haben wir die „deutsche Sommerzeit", berechnet nach dem 30. Längengrad. Die Uhren wurden um eine Stunde vorgerückt, so daß am Morgen eine Stunde Tageslicht gewonnen wird. Am Abend kann Licht gespart werden. Für die Stadt ist die Regelung jedenfalls sehr zweckmäßig; auf dem Land ging es immer schon nach der Regel: früh zu Bett und früh auf!

18. Mai 1916. Der Frühling prangt in weißer Blütenlust. Dazwischen versteckt die alten Häuser mit den alten Sorgen. Krieg — wann wirst du enden?
Bei Verdun unaufhörliche französische Gegenangriffe; seitens der Deutschen erfolgen nur örtliche Vorstöße in großen zeitlichen Abständen. Über Sinn und Ausgang dieser Dinge wissen wir nichts. Was hört man in der Stadt nicht alles an Gerüchten, falschen Hoffnungen, Schwarzfärbereien! Man ist froh, wenn man diesem müßigen Gerede wieder entronnen ist. Vom Dorfe aus, wo die Menschen schweigsamer sind, sieht man die Dinge viel klarer. Die Zeitung bringt das Nötigste; was daran Schönfärberei ist, ist leicht zu erkennen und abzuziehen.

25. Mai 1916. Heute rückt Hans Wolf zu den Pionieren ein. Am 2. Juni müssen auch schon zwei Neunzehnjährige fort. Nun ist nicht mehr viel Taugliches hier. Die Arbeitskräfte werden im Sommer fehlen, zumal unsere Serben oft krank sind. Mathiä mußte nach Ulm ins Lazarett gebracht werden, Dobriwoj liegt hier schwer krank, Milisar ist auch kränklich — bleiben nur noch Lazar und Schipko, welch letzterer auch schon manchmal aussetzen mußte. Sie sind entweder das deutsche Arbeitstempo nicht gewöhnt oder von der langen Kriegszeit her siech; die meisten stehen schon vier Jahre im Krieg, da sie vor Ausbruch des Weltkrieges den Balkankrieg mitmachen mußten.

29. Mai 1916. Die Volksstimmung auf dem Lande ist in raschem Niedergehen. „Ist das auch noch menschlich, die Leute so zur Schlachtbank zu führen wie bei Verdun? Lauter Lumperei und Schwindel auf der Welt!" So sprechen die meisten; wohin wird das führen? Die Kämpfe bei Verdun sind in der Tat unmenschlich. Jeder Gegner wirft seine besten Kräfte hin und sucht in Vorteil zu kommen. Heute stürmen die Deutschen auf dem rechten Maasufer eine Höhe, verlieren aber auf dem linken einen Graben; morgen geht es umgekehrt. Und das alles unter riesigen Verlusten. Es sieht wahrlich so aus, als handle es sich nicht mehr um den Fußbreit Boden, sondern nur darum, sich gegenseitig zu vernichten. Die Österreicher steigen aus Südtirol ins Etschtal nieder und greifen die Italiener an: bisher 24000 Gefangene und 250 Geschütze.

5. Juni 1916. Der Unterricht fällt heute aus, die Schulhausfahne weht: am Skagerrak spielte sich die erste große Seeschlacht zwischen Deutschen und Engländern ab. Die englische Flotte wurde mit schweren Verlusten geschlagen, darob große Freude im ganzen Volk.

11. Juni 1916. Der Krieg hat nun allenthalben seinen Höhepunkt erreicht: unerhört wütige Kämpfe bei Verdun — Fort Vaux ist wieder in deutscher Hand; Offensive der Russen von der rumänischen Grenze bis hinunter zu den großen Sümpfen in einer Ausdehnung von 350 km — nur mühsam können die Österreicher diesem Andrang standhalten; österreichischer Vormarsch nach Italien mit Einnahme der Festungen Arsiero und Asiago.

Unsere Verluste machen sich in Entleerung der Kasernen und dadurch bedingten neuen Einberufungen bemerkbar. Knaier Johann und Müller Josef kamen nach ihrer Ausbildung Ende Mai in das Kampfgebiet von Verdun. Von Knaier kam bereits Nachricht über schwere Verwundung des linken Armes. Wie viele dieser Jungen, die vor kaum zwei Wochen erst der Heimat Lebewohl sagten, deckt jetzt schon der Rasen! Sie fallen wie „Kräuter im Maien".

Neu einberufen sind: Martin Baur zur Feldartillerie und ich selbst als Krankenwärter nach München. Die Schule wird, da großer Mangel an Lehrkräften besteht, meine Frau, die früher Lehrerin war, übernehmen. Mit ihrer Hilfe werde ich auch diese Aufzeichnungen, wenn vielleicht auch in größeren Abständen, weiterführen.

27. Juni 1916. Alois Denzel, der von Anfang an die Kämpfe um Verdun mitmachte, wurde dort verwundet und ist nun, genesen, in Urlaub hier. Einiges aus seinen Erzählungen: „Am 11. Februar kamen wir in Ville an. Am gleichen Tage habe ich einige 42 cm-Mörser gesehen. Überall wurde Artillerie eingebaut und zum Sturm hergerichtet. Am 21. begann das Trommelfeuer. Der zweite Sturmtag war für die Verwundeten besonders schlimm. Denn am Abend begann es zu schneien und die Nacht war sehr kalt. Die Verwundeten, die bis Mitternacht nicht geborgen werden

konnten, waren zumeist erfroren. Die Franzosen hatten bessere Wäsche und Kleidung als wir. Auch ihr Fleisch und ihre anderen Konserven schmeckten besser als unsere Sachen. Besonders willkommen war uns ihr gutes Weißbrot, das wir überall, wo Franzosen gehaust hatten, in größeren Mengen vorfanden. Am 9. März wurden wir abgelöst und kamen nach Ville zurück. Dort erhielten wir endlich wieder Post, ich bekam neun Pakete auf einmal, dazu mehrere Briefe und Karten. Doch gleich am anderen Tage wurden wir wieder alarmiert, denn die Franzosen bereiteten einen Gegenangriff vor. Das Artilleriefeuer hatte sich zu einem einzigen Dauerrollen gesteigert. Wir mußten in der Todesschlucht, wo früher schon einige deutsche und französische Bataillone vernichtet worden waren, schanzen und lagen dann mehrere Tage im Foßwald. In unserer Nähe wurde ein großes Lager Leuchtkugeln und Handgranaten in Brand geschossen und explodierte unter mächtigem Krach. Am 21. März marschierten wir in sternklarer Nacht nach Merles, 30 km hinter der Front, in die Quartiere. Wir bekamen Ersatzmannschaften, meist junge 19jährige Leute, und mußten stramm exerzieren und Parademarsch üben. Denn unsere ganze Division mußte zur Kaiserparade antreten. Außer dem Kaiser und dem Großherzog von Hessen waren viele Generale anwesend. Der Kaiser sagte in seiner Ansprache: Verdun wird und muß fallen. Wir Soldaten glaubten nicht daran und waren wegen des unnützen Blutvergießens verdrossen. Darum kam das Hurra nach der Kaiserrede nicht aus freiem Herzen; manche riefen überhaupt nicht mit."

10. Juli 1916. Seit zwei Wochen ist eine große englische Angriffsschlacht an der Somme in einer Breite von 40 km im Gang. Sie soll die bei Verdun schwer bedrängten und sich in unaufhörlichen Gegenangriffen verblutenden Franzosen entlasten. Nach Gas-

angriffen und Trommelfeuer, acht Tage und Nächte hindurch fortgesetzt, stürmen die Engländer nun in immer neuen Wellen vor, ohne den Widerstand unserer Truppen brechen zu können.

23. Juli 1916. Nach sechs Wochen Lazarettdienst bei Schwerverwundeten bin ich heute zum erstenmal in Sonntagsurlaub hier. Auf Halmen und Zweigen liegt sommerlicher Sonnenschein. Das Heu ist längst geborgen, das Getreide steht vor dem Schnitt. Möge sich die Witterung endlich dauernd zum Guten wenden, damit die Körner nicht auf dem Felde verderben! Wir brauchen so notwendig Brot. Jetzt, wo der Krieg auf allen Linien zur entscheidenden Höhe aufflammt, wo die blutigsten Anstürme der Feinde an der Somme, an der Maas, am Pruth, an der Düna, am Isonzo deutsche Standhaftigkeit nicht brechen können, jetzt soll uns auch der Hunger nicht besiegen! Dann müssen wir dem Frieden doch ein Stück näherkommen.

Die Schätzung der Erträge der heurigen Ernte, die die Bauern freilich sehr zu ihren Gunsten möglichst niedrig halten, ergab für je ein Tagwerk: bei Roggen 9 Zentner, bei Weizen 13 Zentner, bei Fesen 12 Zentner, bei Gerste 11 Zentner und bei Haber 11 Zentner.

1. August 1916. Zwei Jahre Krieg! Der Himmel war ebenso blau wie heute, die Bauern fuhren ihr Korn heim — da kam die schwere Botschaft. Heute noch, wenn wir an jene Stunden und Tage denken, zittert die Erschütterung, die damals jeden Nerv erfaßte, in uns nach. Aber nicht nur den Schrecken, auch die Größe des Erlebnisses verwahren wir in uns: wie nie fühlten wir damals das Volk in uns wallen, einer sah im andern den Bruder.

Heute ist es nicht mehr so. In viele kleine Herzen ist die Selbstsucht wieder eingezogen. Sie sprechen die wunderlichsten Dinge über den

Krieg und seinen Anlaß, sie suchen Nutzen zu schlagen aus dem Schicksalstag des Volkes. Und draußen im Feld besteht das schlimme Mißverhältnis zwischen Front und Etappe weiter: die einen hungern und frieren in Granatlöchern, die andern sitzen in warmen Quartieren und sorgen für ihren Leib, ohne sich in ihrer Ehre verletzt zu fühlen, wenn sie von den Frontsoldaten „Etappenschweine" genannt werden.

5. August 1916. Der 1. August war Opfertag. Eine Sammlung für verwundete und gefangene Krieger ergab hier 32 Mark. Sieben Haushaltungen spendeten gar nichts mehr; auch das ist ein Zeichen der veränderten Gesinnungen des Volkes.

12. August 1916. Das Bezirksamt fordert schon zum zweitenmal auf, die Schulkinder zum Sammeln von Brennesseln zu veranlassen. Daraus sollen Spinnfasern als Ersatz für Wolle und Baumwolle gewonnen werden. Wir werden also bald Kleider aus Brennesselstoff tragen. Außerdem wird die Stoffnot durch die Reichsbekleidungsstelle mittels des Bezugsscheins, der seit kurzem eingeführt ist, bekämpft. Wer Stoffe kaufen will, muß sich beim Bürgermeister erst das Bedürfnis hiefür bescheinigen lassen, sonst darf das Geschäft keine Ware abgeben. Dazu die Ledernot: auch für Schuhe steht der Bezugsschein in Aussicht. Und die Gumminot: nun sind auch die Fahrradschläuche beschlagnahmt worden. Und die Fettnot: ab 1. September kommt die Fettkarte, die pro Person und Woche 90 Gramm Fett oder Butter gewährt. Auch über Eierkarten wird schon beraten. Not an allen Ecken und Enden! Ein Glück, daß wenigstens das Getreide unter anhaltendem Sonnenschein geborgen werden kann.

25. August 1916. Andreas Ebner schreibt von der Somme: „Wir

waren fünf Tage vorne bei Maurepas. Da ist die Hölle, beschreiben kann man so etwas nicht. Die Verluste sind sehr schwer. Eine 38-cm-Granate durchschlug einen Unterstand und tötete 6 Offiziere und 76 Mann." Und wie hier, so auch bei Verdun. Es ist unglaublich, was unsere Truppen in diesen Wochen verbissener Angriffswut unserer Feinde aushalten!

1. September 1916. Rumänien hat sich zu unseren Feinden geschlagen! Griechenland wird wohl den gleichen Weg gehen. Der Krieg will also noch schwerer werden. Trotzdem faßt das Volk gerade in diesen Tagen neuen Mut; denn Hindenburg, dem allein alles Vertrauen gehört, wurde endlich zum Führer des ganzen deutschen Heeres ernannt.

3. September 1916. Man hört von großen Truppenverschiebungen. Sollte sich schon etwas Neues, Hindenburgsches vorbereiten? Wir hoffen und vertrauen! Denn es tut not. Im Westen stehen wir in harter Verteidigung; die österreichische Offensive in Italien ist mißglückt; die Österreicher mußten an die Karpathen eilen, um die Russen mit deutscher Hilfe aufzuhalten.

Der Krieg verschlingt unvorstellbare Summen Geld. Schon wieder ist eine Anleihe ausgeschrieben — die fünfte! Aber viele Leute halten mißtrauisch den Geldbeutel zu, der Krieg dauert ihnen zu lange, sie glauben nicht mehr, daß das Reich die vielen Schulden jemals wird bezahlen können.

Die Getreideernte kam vorzüglich unter Dach, und nun ermöglicht die günstige Witterung auch noch eine gute Grummeternte. Damit sind wir zwar nicht dem Hunger, wohl aber der Gefahr der Aushungerung wieder auf ein Jahr entronnen. Freilich ist die Fleischnot groß. Viele Leute gewöhnen sich daran, nur alle 14 Tage einmal Fleisch zu kaufen; denn es ist sehr teuer (1 Pfund Ochsenfleisch kostet bis zu 2,80 Mark) und selbst gegen Fleischmarken oft nicht zu haben.

10. September 1916. Ist es ein Wunder, daß ein Volk in unserer Lage von der Angst geplagt wird, die ganze Welt hätte es auf seine Vernichtung abgesehen? So laufen in jüngster Zeit Gerüchte um, die Schweiz, Dänemark und Holland würden an uns den Krieg erklären. Auch fürchten die Leute für ihre Sparguthaben; es wird deren Beschlagnahme durch das Reich zwecks Deckung der Kriegskosten vermutet. Das Bezirksamt teilt mit, daß auf diese Gerüchte hin größere Abhebungen und Kündigungen bei den Sparkassen erfolgt seien, und fordert auf, die Leute aufzuklären und die Gerüchteverbreiter anzuzeigen, weil sonst die Beteiligung bei der fünften Kriegsanleihe Schaden leide.

17. September 1916. Die Deutschen marschieren nach Rumänien hinein. Sie haben Tutrakan und Silistria genommen und sind nun wohl schon Herr der Dobrudscha. Das hebt die gedrückte Stimmung des Volkes.

Im Westen aber gehen die Kämpfe an der Somme unter unendlichen Verlusten weiter. Von Angriff zu Angriff steigert sich das Trommelfeuer — und doch kein entscheidendes Vorwärts der Feinde. Wie zermürbend aber diese unmenschliche Kampfesweise auf die Soldaten wirkt, zeigt wieder ein Brief Andreas Ebners: „Wir sind heute von der Kampffront zurückmarschiert und liegen in einem Dorf in Ruhe. Ich bin also Gott sei Dank heil und gesund aus diesem Morden zurückgekommen. In welchem Zustand aber ich und meine Kameraden sind, kann ich nicht schildern. Wir wurden zweimal eingesetzt. Die Kompagnien, welche mit 240 Mann ins Gefecht gingen, kehrten mit durchschnittlich 20—40 Mann zurück. Alles andere gefallen, gefangen, verwundet oder vermißt. Am meisten dauern einen die Verwundeten, welche vielfach hilflos liegen bleiben, bis sie eines qualvollen Todes sterben. Ich weiß noch nicht, was mit uns weiter geschieht. Es sind 600 Mann Ersatz da, ich befürchte, sie schicken uns nochmals vor. Der Krieg ist noch nicht aus; und wenn unsere Gegner noch zu mehreren solchen Stößen ausholen können, kann die Sache noch gehen, wie sie will."

30. September 1916. Die deutsche Sommerzeit geht heute wieder zu Ende. Wir können also morgen früh um eine Stunde länger schlafen, weil die Uhren wieder zurückgerückt werden.

Die Brennesselsammlung ergab im ganzen Reich 2000 Tonnen getrocknete Stengel. Daran ist auch unser Dorf beteiligt. Die Kinder zogen dicke Handschuhe an und schnitten an allen Zäunen und Rainen mit Sicheln die Nesseln ab. Dann wurden sie sorgsam, damit sie nicht abknicken, zum Trocknen an die Sonne gelegt und hernach zur Sammelstelle gebracht.

Mit Einführung der Butterkarte mußte die private Buttererzeugung aufhören, sonst kaufen die Leute, die es sich leisten können, weit mehr als ihnen zusteht.

9. Oktober 1916. Die fünfte Kriegsanleihe erklomm die Summe von 10½ Milliarden Mark. Ohne den siegreichen Vormarsch unserer Truppen in Rumänien wäre dies Ergebnis wohl nicht möglich gewesen.

18. Oktober 1916. Es geht dem Winter entgegen. Die Ernte ist zu Hause; sie lieferte in Getreide mittelmäßige, in Kartoffeln geringe Erträge. Die gleichmäßige sparsame Verteilung der Lebensmittel unter das Volk wird daher auch in Zukunft eine schwere Aufgabe

bleiben. Die Brotversorgung klappt im allgemeinen. Dagegen ist es schwierig, mit Fleisch, Eiern und Fett zum Rechten zu kommen. Die Fleischkarte mißt nur mehr ein halbes Pfund pro Kopf in der Woche. Man vergleiche damit den Fleischverbrauch im Frieden, um die Opferfähigkeit unseres Volkes ermessen zu können! In den Städten müssen die Leute dazu noch stundenlang vor den Läden anstehen und warten, bis sie mit ihrer Fleischkarte an die Reihe kommen.

Auch draußen an den Fronten geht es — zum drittenmal! — in den Winter hinein. In den Karpathen, wo unser Alpenkorps gegen die Russen steht, liegt schon tiefer Schnee; nicht anders wird es in Siebenbürgen sein, wo deutsche Truppen unter Falkenhayns Führung die Rumänen aufs Haupt schlugen und bis auf die Grenzhöhen zurückdrängten. Die Westfront freilich ist so lebendig wie je. Die Sommeschlacht dauert mit nur geringen Teilerfolgen unserer Feinde an. Der Höhepunkt ist auch dort wohl überwunden.

Was wird nun kommen? Niemand hat mehr Hoffnung auf baldigen Frieden. Wird der Winter wieder der Rüstung und der nächste Sommer abermals dem Kampf gelten? Fragen ohne denkbare Antwort!

23. Oktober 1916. Alois Denzel, der an der Somme stand, wird seit einigen Wochen vermißt. Nun kämpfen noch zwei unserer Leute an der Somme. Berchtold Franz steht in Rumänien, Kühner Hans am Stochod in Rußland. So verteidigt ein Dorf von 180 Einwohnern an allen Ecken sein Vaterland! Und die serbischen Gefangenen legen indessen die Saat in die heimatliche Erde.

5. November 1916. Alois Denzel ist in englischer Gefangenschaft. Johann Knaier, der bei Verdun die linke Hand verloren hat, ist

vom Lazarett aus in Urlaub hier. Sein Bericht, sparsam mit Worten und schlicht, gibt das Schicksal viel tausend junger, frischer Menschen, das sich an den schrecklichen Namen Verdun knüpft, wieder. Er erzählt: „Am 24. Mai kam ich ins Feld zum 12. Infanterie-Regiment bei Fleury. Gleich am 27. abends mußten wir in die Stellung marschieren. Wir marschierten vier Stunden. Es gab keine rückwärtigen Stellungen, keine Laufgräben, keine Unterstände, kein Dorf — es gab nur Granatlöcher. Die ganze Zone, vier Stunden breit, lag unter dem beständigen Feuer der weittragenden feindlichen Geschütze, nur bei Nacht war der Zugang zur Stellung möglich. Die Stellung vorne war ganz schwach besetzt; denn die Verluste waren zu groß. Wir saßen 6—8 Mann in einem Loch, so groß wie eine Kammer, über uns ein Fleckchen Himmel und spähende Flieger, sonst sahen wir nichts. Untertags krachten unaufhörlich die Geschosse, nachts machten die Leuchtkugeln das Gelände hell. Abends brachte man uns immer das Essen vor. Wir litten sehr viel Durst. Wir waren schon über eine Woche ohne Ablösung in dieser Lage, da ereilte mich am 4. Juli das Unheil. Nachmittags gegen 4 Uhr platzte über uns ein Schrapnell. Trümmer des Geschoßbodens flogen in unser Loch. Ein Stück traf einen Kameraden am Oberschenkel, ein anderes fuhr mir in den linken Handrücken zwischen Daumen und Zeigefinger, so daß die vier Finger nur mehr an der Haut hingen. Wir verbanden uns notdürftig mit unseren Verbandpäckchen, das hatte aber wenig Wert. Das Blut ließ sich nicht halten. Erst um 9 Uhr abends, als es dunkel wurde, konnten wir zurückmarschieren. Ich stützte meinen Kameraden, er kam aber nicht weit, ich mußte ihn nach einigen hundert Schritten allein zurücklassen. Am andern Morgen wurde er, da ich Meldung gemacht hatte, von Sanitätern geholt, starb aber bald darauf. Ich wanderte weiter durch die öde, unbekannte Gegend, kein Mensch war auf weiter Strecke, ich wußte nicht, welche Richtung ich ging. Es war früh 4 Uhr, als ich einen preußischen Bataillonsunterstand erreichte. Hier erhielt ich endlich von einem Arzt den ersten Verband. Dann wurde ich zur Feldbahn getragen und ins Feldlazarett Romagne verbracht. Hier wurden mir drei Finger abgenommen. Ich wollte, daß der Zeigefinger und der Daumen erhalten blieben. Aber nach fünf Tagen, als ich ins Kriegslazarett Montmedy überführt wurde, war mein Arm schon blau. Die Hand mußte sofort abgenommen werden. Die Schmerzen wurden nun geringer und nach sechs Tagen schon konnte ich nach Feuerbach bei Stuttgart verbracht werden."

12. November 1916. Nun müssen auch die zinnernen Bierkrugdeckel einrücken! Die Wirte müssen sie von den Krügen wegmachen und bis zum Februar nächsten Jahres an die Metallsammelstelle in Neu-Ulm bringen. Für 1 kg Zinn werden 8 Mark vergütet. Alle übrigen Zinnsachen können freiwillig abgeliefert werden.
Strickwolle mangelt derart, daß es jetzt verboten ist, im Handarbeitsunterricht neue Wolle zu verwenden. Die Schulkinder ziehen nun alte Strümpfe auf, um Wolle zu gewinnen.

23. November 1916. Der alte Kaiser Franz Joseph ist gestorben. Das stärkste Sinnbild deutsch-österreichischer Bundestreue ist mit ihm gewichen.
In Rumänien marschieren unsere Truppen aus den Gebirgsengen hinaus in die walachische Ebene hinein.

30. November 1916. Gebt uns Getreide! Gebt uns Kartoffeln! Gebt uns Fett! Das ist der beständige Ruf der Versorgungsbehörden an die Bauern. Um zu rascher Getreideablieferung anzureizen,

wurde die Druschprämie eingeführt: wer bis zum 10. Oktober Brotgetreide abliefert, erhält für den Zentner eine Mark über den Höchstpreis. Trotzdem halten die Bauern zurück. Sie rechnen wohl auf höhere Preise im Frühjahr. Die halbe Druschprämie wird daher noch bis Mitte Dezember weiterbezahlt.

Zu besonderen Sorgen gibt die geringe Kartoffelernte Anlaß. Im Dorf wird bekanntgegeben: „Eine Erhöhung des Kartoffelpreises ist ausgeschlossen. Schwere Verantwortung laden die Landwirte auf sich, wenn sie die für die Volksernährung der städtischen Bevölkerung so dringend notwendigen Kartoffeln zurückhalten." Leider wirken solche Mahnungen kaum mehr. Der Spekulationsgeist hat sich schon zu sehr eingenistet im Dorf. Und die Gewissenhaften, deren es gewiß noch viele gibt, sagen sich: Warum sollen nur immer wir abliefern und für die Allgemeinheit sorgen, während die andern ihrem Vorteil leben? Auch Strafandrohungen werden nicht mehr ernst genommen. Denn die Zahl der Verbote und Verordnungen ist so groß, daß die Übertretungen gar nicht alle festgestellt und geahndet werden können. Neuerdings ist auch die Verschrotung von Brotgetreide, um dessen Verfütterung zu verhindern, verboten. Der Bürgermeister muß die Schrotmühlen mit dem Gemeindesiegel verschließen. Das Vieh soll aber auch kein Hintergetreide, keine Kartoffeln, welche noch als Speise- oder Fabrikkartoffeln taugen, keine Vollmilch, kein Mehl, kein Brot erhalten. Wer nun soll das alles beaufsichtigen?

7. Dezember 1916. Siegesnachricht: Bukarest ist von unseren Truppen genommen. Wo blieb für Rumänien die Hilfe seiner Verbündeten?

Von der Somme berichten unsere Soldaten: „Das Feuer ist zwar nicht mehr so stark wie im August; jedoch ist der Dreck hier unbeschreiblich."

16. Dezember 1916. Wenn die Bauern, wie gebräuchlich, auf Weihnachten ein Schwein schlachten wollen, so ist das heuer eine weitläufige Angelegenheit. Sie brauchen hierzu erst die Erlaubnis des Bezirksamts, die über den Bürgermeister und den Fleischbeschauer erteilt wird. Sofort nach der Schlachtung muß dann der Fleischbeschauer das Schlachtgewicht feststellen und daraus berechnen, wieviel Speck der Bauer an die Fettstelle abzuliefern hat; auf 2 Zentner Schlachtgewicht treffen z. B. 5 Pfund Speck, zu vergüten mit 2 Mark pro Pfund. Vermutlich werden die Bauern einen kürzeren Weg finden — trotz der angedrohten Strafen —, um zu ihrem Weihnachtsschweinebraten zu kommen.

23. Dezember 1916. Für die Weihnachtswoche wird die Fleischration von 250 auf 300 Gramm erhöht. Für Gänse gelten Höchstpreise: 2,80 Mark für das Pfund geschlachteter Gans. Zucker wird künftig nur gegen Marken abgegeben.

Da die Fliegerangriffe tief in deutsches Land hinein sich mehren, geben die Behörden der Bevölkerung ausführliche Anweisungen über ihr Verhalten bei Fliegeralarm: Deckung suchen, sich auf den Boden werfen, in die Keller flüchten, bei Nacht die Lichter löschen.

Auch heuer wieder sammelten wir zu einer Weihnachtsspende für die Soldaten. Ergebnis 154 Mark, wovon 119 Mark für die Krieger aus unserer eigenen Gemeinde verwendet werden.

27. Dezember 1916. Das Jahr geht — nach trüben, freudlosen Weihnachtstagen — seinem Ende zu. Der letzte Monat brachte noch bedeutende Ereignisse. Rumänien ist in kurzem Siegeslauf erobert worden; die Erdölquellen und Getreideböden des Landes

arbeiten nun für uns; 150000 Rumänen sind in Gefangenschaft. Das vermochte deutsche Kraft trotz allem im dritten Kriegswinter, während gleichzeitig die Westmächte an der Somme und bei Verdun, die Russen in den Karpathen, die Balkantruppen bei Monastir angriffen. Aber — wo bleibt der Friede? „Im Gefühle ihrer Macht" boten die Mittelmächte den Feinden Frieden an. Kurz vor Weihnachten traf von Amerika eine Note ein, die den Frieden anbahnen will. Ungläubig und mißtrauisch horchen wir auf den Flug solcher Friedenstauben. Das Echo von feindlicher Seite ist ein kriegerisches; der Krieg wird daher wohl weitergehen im nächsten Frühjahr und noch schwerer werden als bisher. Die Achtzehnjährigen sind schon einberufen, der ungediente Landsturm bis zu 45 Jahren mußte vollends einrücken, die in der Heimat zurückgebliebenen Männer zwischen 17 und 60 Jahren können nach einem neuen Gesetz zu vaterländischem Hilfsdienst, besonders zur Munitionserzeugung, herangezogen werden. Der Krieg wird immer mehr zum Volkskrieg.

Nach der Volkszählung vom 1. Dezember zählt unsere Gemeinde 159 Einwohner und 8 Kriegsgefangene. 22 Gemeindeangehörige stehen im Kriegsdienst, 3 sind gefallen. Der älteste im Soldatenrock zählt 44 Jahre.

Wenn wir zurückblicken auf das scheidende Jahr, so möchte uns das Herz brechen ob der dahingesunkenen Jugend, möchten uns die Sorgen erdrücken bei dem Gedanken an unsere Helden im Graben und Gebirgsschnee, an unsere Verstümmelten in den Lazaretten, beim Gedanken an unterernährte Kinder und hungernde Familien. Und blicken wir vorwärts, so möchte uns grauen vor dem dunklen Tor des neuen Jahres. Nicht mit fliegenden Fahnen, sondern im Zwange unausweichlicher Notwendigkeit schreiten wir schweren Herzens hindurch.

9. Januar 1917. Das deutsche Friedensangebot ist schroff zurückgewiesen worden; die Gegner halten es für ein bloßes Kriegsmanöver. In Rumänien marschieren unsere Truppen immer noch vorwärts. Focsani wurde eingenommen. Aus unserer Gemeinde kämpfen fünf Soldaten auf dem rumänischen Kriegsschauplatz.

15. Januar 1917. Das Bezirksamt ersucht die Bürgermeister, Geistlichen und Lehrer, die Bevölkerung von der Ansammlung des Metallgeldes abzuhalten. Die Leute trauen dem Papiergeld nicht mehr und legen dafür Silbergeld in den Kasten. Wenn solches Mißtrauen einmal eingeschlichen ist, helfen Belehrungen und Mahnungen wenig. Das erfahren wir deutlich bei den verschiedenen Sammlungen von Haus zu Haus. Das Vertrauen, daß die gesammelten Gelder zweckdienlich verwendet werden, ist geschwunden und nicht wieder herzustellen. Daher das Bestreben, nur für die Soldaten aus der eigenen Gemeinde zu spenden. Drei Gemeinden des Bezirks lieferten zur allgemeinen Weihnachtsspende des letzten Jahres überhaupt nichts mehr ab. „Sie glaubten genug zu tun, wenn sie für die Krieger ihrer eigenen Gemeinde sorgten", bemerkt tadelnd das Bezirksamtsblatt.

24. Januar 1917. Der Preis für Rind- und Ochsenfleisch wurde auf 2,10 Mark pro Pfund, der Bierpreis auf 34 Pfg. pro Liter festgesetzt. Die Brauereien dürfen nur mehr die Hälfte der Friedensmenge an die Wirte abgeben.

Die Kartoffeln sind so knapp, daß verfügt werden mußte: Der Erzeuger darf pro Tag und Kopf höchstens 1 Pfund, die übrige Bevölkerung höchstens ½ Pfund verbrauchen.

12. Februar 1917. Der Winter ist hart wie lange nicht mehr. Die Städte leiden unter Kohlenmangel. Schulen, Theater, Konzertsäle wurden zum Teil geschlossen, die Polizeistunde auf abends 10 Uhr festgesetzt. Damit sind viele in Kriegszeiten unnötige Vergnügungen abgeschnitten.

In der Winterkälte sind auch die Fronten erstarrt. Aber wir fühlen die fieberhaften Vorbereitungen auf das Jahr 1917, das, wie wir hoffen, das Entscheidungsjahr werden soll. Wir fühlen, wie auf allen Seiten die Maschinen zu höchster Kraft geheizt werden. Wenn die Kälte gebrochen ist, kann jeden Tag irgendwo der Anprall kommen. Es wird schwere Kämpfe geben. Doch das Vertrauen zu Hindenburg ist stark. Wir erwarten von ihm vor allem, daß er uns kein blutendes Verdun bereite.

Am 1. Februar begann der rücksichtslose Unterseebootskrieg, der kein Schiff, auch kein neutrales, in den feindlichen Gewässern schonen will. Das brachte uns einen neuen Feind: Amerika. Der Krieg ist zwar noch nicht erklärt, der Botschafter aber von Berlin abberufen worden. Doch schreckt das niemand. Ein Wehen des Geistes von 1914 ist spürbar, ein verzweifelter Entschluß, den Frieden nun, da wir ihn nicht anders haben können, mit harter Faust zu erzwingen.

26. Februar 1917. Gestern abend flammte trotz Kriegszeit, trotz Holzknappheit und Kohlenmangel wieder das altgewohnte Scheibenfeuer auf. Die Kinder haben genug am Entsagen, sie wollen ohne Rücksicht auf frierende Städter ihre Lust. Die Klafter Holz kostet heuer 60—70 Mark. Eine arme Familie hätte sich mit dem unzeitig verbrannten Holzstoß viele Wochen die Stube heizen können. Kohlen sind ohnehin nur auf Bezugschein, pro Woche ein Zentner, zu haben.

10. März 1917. Der junge Serbe beim Klausenbauer will nicht mehr arbeiten. Er erinnert sich der schweren Arbeit im vorigen Jahr und fürchtet sich vor dem neuen Arbeitssommer. Die Leute glauben allerdings, die Gefangenen hätten sich allgemein verschworen, die Arbeit zu verweigern und dadurch den Anbau zu verhindern. Die Schüler schreiben über diesen Vorfall folgenden Aufsatz: „Der Serbe im Keller. Beim Klausenbauer wollte der Serbe nicht mehr schaffen. Darum wurde er in den Keller gesperrt. Vor das Kellerfenster schob man Holzstumpen, auf die Kellerfalle legte man schwere Säcke, daß er nicht heraufkonnte. Zum Essen bekam er nur Wasser und Brot. Auf dem Pflaster mußte er schlafen. Am dritten Tag polterte er fest an die Falle. Der Wachmann ging hin, der Serbe rief: Ich schon arbeit! Der Posten ließ ihn herauf. Jetzt schafft er wieder."

15. März 1917. Gestern war Entlassungsprüfung in der Volksschule. Einer der entlassenen Sonntagsschüler muß sich bereits zur Stammrolle anmelden.

Die schlecht genährten Stadtkinder sollen über die schwierigen Monate bis zur neuen Ernte aufs Land gebracht werden. Elf hiesige Familien erklärten sich zur kostenlosen Aufnahme von Kindern bereit. Die Kinder müssen sich allerdings durch Mithilfe bei der Arbeit etwas nützlich machen.

16. März 1917. In Rußland ist die Revolution ausgebrochen!

25. März 1917. Unsere Lebensmittelvorräte werden knapp und knapper. Auch auf dem Lande werden nun die Zügel etwas straffer angezogen. Es besteht seit einigen Wochen in jedem Dorf eine Lebensmittelsammelstelle, die den Aufkauf für den Kommunalverband besorgt. Dadurch soll verhindert werden, daß zuviel an Verwandte

und Bekannte und an solche, die hohe Preise zahlen können, verkauft wird. Die Einrichtung wird sich besonders für die Versorgung mit Eiern bewähren. Die Verbraucher können nun ihren Bedarf an Eiern und Butter mittels Eierkarte (ein Ei pro Kopf und Woche) und Fettkarte (90 Gramm pro Kopf in der Woche) nur mehr in der Sammelstelle decken.

Eine kleine Weiberrevolution gab es, als kürzlich die Anordnung kam, daß außer dem Boten (Sammelstelle) niemand mehr buttern darf, sondern alle Milch in die Molkerei abzuliefern ist. Der Bürgermeister mußte die Zentrifugen versiegeln und die Butterfässer in Verwahrung nehmen, was ihm schwere Angriffe und Schmähungen eintrug.

Der Bäcker bringt seit 14 Tagen keine Semmeln mehr. Vom 15. April ab soll die Brotkarte verringert, dafür die Fleischkarte erhöht werden. Was sagt dazu der Geldbeutel armer Leute?

Kleider, Stoffe und Schuhe werden nun nur mehr gegen Bezugscheine abgegeben. Der Bürgermeister, der die Scheine ausstellt, muß dabei prüfen, ob die Anschaffung notwendig ist oder nicht. Der arme Mann ist nicht zu beneiden!

31. März 1917. Am letzten Samstag wurden in der hiesigen Sammelstelle 1000 Eier abgeliefert. Die Sammelstellen des Kommunalverbandes, der das halbe Bezirksamt umfaßt, lieferten 40000 Stück an den Verband ab. Dazu haben wir heuer keinen guten Legfrühling: bis heute noch keinen warmen Tag.

In Rußland noch alles unklar. An der Westfront Wetterleuchten, aber noch kein Gewitter. Hindenburg hat die deutsche Front zwischen Arras und Aisne in vorbereitete Stellungen zurückverlegt und dadurch verkürzt. Ob damit eine feindliche Offensive vereitelt oder eine eigene vorbereitet werden soll, wissen wir nicht.

9. April 1917. Einige Zählergebnisse: Ende Januar, also vor der Zentrifugensperre, betrug die wöchentliche Milchablieferung an die Molkerei 1057 Liter; daneben butterten fünf Haushaltungen, besonders die größeren, selbst. — Am 14. Februar waren noch vorhanden: 80 Zentner Roggen, 9 Zentner Weizen, 127 Zentner Fesen, 142 Zentner Gerste, 190 Zentner Haber. — Kartoffelvorräte am 1. März: 800 Zentner. — Der Viehbestand hält sich immer auf der gleichen Höhe trotz der Futterknappheit. Neuerdings wird behördlicherseits sogar empfohlen, den Kaffeesatz als Futtermittel zu verwerten.

Nun müssen auch schon die Kirchenglocken angemeldet werden. Sie werden sich nach und nach in Kanonen verwandeln.

11. April 1917. Zur Zeit liegt die sechste Kriegsanleihe zur Zeichnung auf. Das Bezirksamt regte an, die Gemeinden sollen Geld aufnehmen und es zur Kriegsanleihe verwenden. Gestern befaßte sich die Gemeindeversammlung mit diesem Plan. Der Vorschlag, 10000 Mark bei der Darlehenskasse auf langfristige Abzahlung aufzunehmen, stieß anfangs auf Mißtrauen und Ablehnung. Der Bürgermeister aber, der zur Zeit aus Rußland in Urlaub hier ist, setzte sich als Frontsoldat warm für die Sache ein. Gegenüber den Gerüchten, daß die Kriegsanleihen den Krieg verlängern, sagte er: „Wenn ihr hört, daß die Soldaten an der Front sagen: Wir wollen Frieden! so dürft ihr nicht glauben, daß sie damit meinen, wir allein wollen Frieden. Nein, sie meinen, allgemein soll der Friede kommen, und zwar so, daß es für uns ein guter Friede ist. Solche, die Frieden um jeden Preis wollen, findet ihr keine hundert in jeder Division." Daraufhin wurde der Vorschlag angenommen. Die Schuld zahlt sich zum Teil selbst ab, da der Dar-

lehensverein 4% Zins verlangt, die Kriegsanleihe dagegen 5% abwirft.
Die Werbegewandtheit nimmt mit jeder Anleihe zu. Diesmal wird besonders in den Garnisonen viel gezeichnet. Das Ersatzbataillon des 12. Infanterieregiments in Neu-Ulm brachte 800000 Mark zusammen. Die Zeichner dürfen dafür in Urlaub fahren.

15. April 1917. Unsere Unterseeboote haben im Monat März 435 Handelsschiffe versenkt.
Morgen beginnt wieder die deutsche Sommerzeit.

18. April 1917. Das Gewitter im Westen ist losgebrochen! Rechts und links von Arras, wo schon so viel Bayernblut geflossen, griffen am Ostermontag die Engländer, zwischen Reims und Aisne eine Woche später die Franzosen an. Zehn Tage lang trommelte die französische Artillerie in 40 km Breite auf die deutschen Stellungen, bevor der Infanterieangriff gewagt wurde. Der beabsichtigte Durchbruch, der den Krieg endlich entscheiden sollte, ist nicht gelungen. Engländer und Franzosen haben ungeheure Opfer an Menschen gebracht. Die schweren Kämpfe gehen noch weiter. Bei jedem dieser Anstürme geht ein Herzklopfen durch die Heimat. Wir haben Gefühle wie die Fahrgäste eines Schiffes im Sturm. Wir sind voll Vertrauen auf unser gutes Schiff und seine tapfere Bemannung, sehen aber mit jeder andringenden Woge die Gefahr des Untergangs und halten den Atem an.
Während im Westen die Kriegsfackel noch hellauf brennt, steigt im Osten eine nebelhafte Gestalt aus dem Erdboden auf, vorerst in zarten Umrissen nur, blaß und schemenhaft: der Friede! Von Osten kam der Krieg — soll von daher auch der Friede kommen? Die Revolution hat sich mit Macht über die morsche Zarentyrannei

gestürzt; diese fiel auf den ersten Stoß. Nun ist das Gewirre der Strebungen groß und undurchsichtig für uns. Wir hören Kriegstöne, aber noch mehr Friedensflöten. Und wir glauben an die letzteren und hoffen, vielleicht zum erstenmal mit einigem Grund, auf baldigen Frieden wenigstens mit Rußland.

20. April 1917. Das Kriegsanleiheergebnis mit 12,7 Milliarden ist das höchste bisher. Welche Leistung nach drei Jahren Krieg!

24. April 1917. Da die Brotkarte verkürzt wird, müssen auch die Bauern noch einen Teil der ihnen zugestandenen Menge Getreide abgeben: nämlich pro Kopf und Monat 5 Pfund, berechnet vom 15. April bis 15. August. Das hält natürlich schwer. Wir gingen zu dreien von Haus zu Haus, machten die Notwendigkeit der Verkürzung klar und berechneten die Ablieferungsmenge. Das half aber wenig. Wir mußten die schlimmsten Schmähreden über den Bundesrat und Batocki, den Ernährungsminister, anhören. Mit Müh und Not brachten wir die 34 Pflichtzentner zusammen, die auf die Gemeinde treffen. Morgen werden sie in die Schranne abgeliefert. Die Nachwelt aber soll wissen, daß Deutschland im Jahre 1917 solche Brotnot hatte, daß das Getreide den Bauern nicht mehr nach Zentnern, sondern nach Pfunden abverlangt wurde.

Für die Nichtlandwirte sieht der Speisezettel künftig so aus: Eine Familie mit zwei Erwachsenen und einem Kind erhält wöchentlich 2½ Pfund Fleisch, 4050 Gramm Brot, 600 Gramm Mehl, 270 Gramm Fett und 3 Eier; dazu monatlich 4½ Pfund Zucker. Die Marken hiefür werden alle 4 Wochen beim Bürgermeister verteilt. Außerdem gibt es Marken für Seife und Waschpulver. Manche Haushaltungen suchen Seife selbst herzustellen; das ist neuerdings verboten worden. In den Städten gibt es Marken auch für Käse, Kartoffeln und Bier.

2. Mai 1917. Von Neu-Ulm sind acht Stadtkinder eingetroffen und in bäuerlichen Familien untergebracht worden.
Unter den Schulkindern herrscht schon seit den Wintermonaten Krätze. Bei dem Mangel an Seife ist sie, besonders in Familien, die ohnehin zu Unreinlichkeit neigen, schwer zu bekämpfen.

8. Mai 1917. Die Bierregelung will noch nicht klappen. Das Bier wurde nun auf 3,5—4% Stammwürzegehalt, der Preis für einen Liter auf 22 Pfg. festgesetzt. Die Wirtschaften dürfen nur zwischen 11 und 1 Uhr mittags und 4 und 9 Uhr abends Bier ausschenken. Wer dort Brot und Wurst will, muß dafür Marken abgeben.

14. Mai 1917. Unsere Serben lassen sich gerne photographieren, am liebsten in voller Uniform. Schipko holte sogar den Fuchsen seines Bauern aus dem Stall und ließ sich hoch zu Roß aufnehmen.

29. Mai 1917. Zu den fortgesetzt schweren Kämpfen im Westen gesellt sich nun eine italienische Offensive am Isonzo, die schon acht Tage im Gange ist. Auch bei Saloniki wird gekämpft. Von allen Seiten arbeiten unsere Feinde zusammen, um die Entscheidung herbeizuführen. Unsere Truppen halten den furchtbaren Angriffen überall stand. Der Unterseebootskrieg brachte im April eine Beute von 1 Million versenkter Tonnen.

26. Mai 1917. Not lehrt sparen. Das Bezirksamt fordert auf, altes Schuhleder sowie alle Abfälle aus Metall und Gummi wie Soldatenknöpfe, Bleikugeln, Zinnsoldaten durch die Schulkinder sammeln zu lassen und an die Sammelstellen abzuliefern. Bedachungen aus Kupfer, kupferne Dachrinnen und Abfallrohre sind beschlag-

nahmt und werden nach und nach entfernt. Auch Aluminium wandert in den großen Kriegskessel. Für 1 kg Kupfer werden 1,85 Mark, für 1 kg Aluminium 12 Mark vergütet.

4. Juni 1917. Der Tauschhandel nimmt immer mehr überhand. Die Geschäftsleute geben ihre Waren mit Vorliebe gegen Butter, Schmalz, Eier, Mehl ab. Es wird zwar gedroht, solche Geschäfte zu schließen; aber der Vorteil ist beiderseits so groß, daß solche Drohungen gern in Kauf genommen werden. Der Bauer kommt zu guter, billiger Friedensware, der Kaufmann zu Lebensmitteln über die Markenration hinaus.

Dazu kommen die Städter immer mehr aufs Land, um Lebensmittel aufzukaufen. Wer kann, bietet höhere Preise als die gesetzlichen, um die Bauern zur Abgabe ihrer Erzeugnisse zu bestimmen. Das führt zu schlimmen Zuständen. Wer Zeit und Geld hat, versorgt sich doppelt und dreifach, für die übrigen aber müssen die Zuweisungen immer geringer werden, weil die unter der Decke verschacherten Lebensmittel für die Allgemeinheit verloren sind.

9. Juni 1917. Die großen Angriffsschlachten in Frankreich und Italien gelten nun als endgültig gescheitert. Damit ist der erste Ansturm des Jahres glücklich abgeschlagen. Die Zeitungen berichten aber schon von der Vorbereitung einer neuen, umfassenden Sommeroffensive, an der sämtliche Feindstaaten einschließlich Rußlands beteiligt sein sollen. Wir hoffen, daß auch dieser Generalsturm auf die Festung Deutschland abgeschlagen wird.

16. Juni 1917. Die Unterseebootspende ergab hier 43 Mark. Nur mit Mühe war die Summe zusammenzubringen. Niemand will mehr etwas geben; der Bürgermeister muß seinen ganzen persönlichen Einfluß aufwenden, um eine kleine Gabe herauszupressen.

23. Juni 1917. Um der Hamsterei von Silber- und Nickelgeld ein Ende zu machen, werden die Silber- und Nickelmünzen außer Kurs gesetzt und müssen daher in nächster Zeit gegen Papiergeld umgetauscht werden, wenn sie nicht ungültig werden sollen.
Die Orgeln werden zur Zeit ihrer zinnernen Pfeifen beraubt. Auch unsere Kirchenorgel wird demnächst an die Reihe kommen.

3. Juli 1917. Die Hoffnung auf Frieden mit Rußland war eitel — der Arbeiter- und Soldatenrat hat Verhandlungen über einen Sonderfrieden abgelehnt. Die russischen Truppen wollen, aufgepeitscht von den Engländern, ihr Glück nochmal versuchen, sie greifen in Galizien in großen Massen an, bisher ohne Erfolg. Auch Griechenland wurde zum Eintritt in den Krieg gegen uns gezwungen.

9. Juli 1917. Ein Schlosser aus der Nachbargemeinde geht durchs Dorf und nimmt die kupfernen Herdschiffe heraus; sie werden durch solche aus Zinkblech ersetzt.

14. Juli 1917. Nun müssen auch die Stadtkinder das Barfußgehen lernen. In den Schulen wird den Kindern empfohlen, ihre Schuhe für den Winter aufzusparen, weil die Ledervorräte zum größten Teil für unsere Soldaten benötigt werden.

21. Juli 1917. Die Arbeitskräfte für die Ernte, die vor der Tür steht, sind spärlich. Da die Gefangenen alle vergeben sind und die Urlauber, soweit sie Landwirte sind, auf ihre eigenen Anwesen geschickt werden, will die Wirtschaftsstelle für den sonstigen Bedarf Handwerker beurlauben und Mittelschüler aufs Land zur Hilfe schicken. Die Bauern sträuben sich dagegen, weil diese Arbeitskräfte teurer sind als die Gefangenen und vermutlich weniger leisten.

25. Juli 1917. Mit Ungeduld wartet das hungernde Volk auf die neue Ernte, besonders auf Kartoffeln. Um die Ernte unreifer Früchte zu verhindern, hat das Bezirksamt verboten, daß vor dem 1. August Frühkartoffeln aus dem Boden genommen werden. Der Preis wurde auf 9 Mark pro Zentner festgesetzt.

In Galizien sind unsere Truppen zum Gegenstoß vorgegangen und haben die russischen Linien an mehreren Stellen durchbrochen. Die russischen Divisionen sind in Flucht und Auflösung.

28. Juli 1917. In Flandern beginnt ein neuer englischer Durchbruchsversuch. Die Artillerie wütet seit einigen Tagen und läßt eine schwere Schlacht erwarten.

5. August 1917. Unsere Truppen in Flandern hielten stand trotz Schmutz und Regen, trotz Artillerietanks und Schwärmen von Fliegern, trotz erbitterter Infanterieangriffe. Die Heimat atmet wieder auf.

8. August 1917. Die Flandernkämpfe forderten ein Opfer aus unsrer Gemeinde: Josef Müller ist nach schwerer Verwundung und nachdem ihm im Feldlazarett das linke Bein abgenommen worden war, gestorben.

Sein Leben ist ganz für andere gegeben. Er selbst, ein armseliger Bauernknecht ohne Heimat, ohne Angehörige, hatte nichts zu verteidigen. Als Kind einer landflüchtigen Fabrikarbeiterin fiel er der Heimatgemeinde seiner Mutter zu. Die Gemeinde ließ ihn versteigern; er kam an die Familie, die das geringste Kostgeld verlangte. Als sich dies herzlose Feilbieten bald darauf wiederholen sollte, erbarmte sich eine Silheimer Base des Kindes und nahm es im Alter von 11 Monaten zu sich, um es als ihr Pflegekind aufzuziehen. Im Mai 1916 kam Müller ins Feld nach Verdun. Gleich das erstemal, als er in Stellung vorne war, wurde er verschüttet. Er schreibt darüber: „Meine Kompagnie war 180 Mann stark, als wir in Stellung gingen. Bis wir in die vorderste Linie kamen, waren es nur noch halb soviel. Früh 10 Uhr hatten wir einen Sturm, welchen ich noch gut mitmachen konnte. Mittags nach 12 Uhr wollte ich in ein anderes Loch springen, wobei mich ein Granatschuß verschüttete." Sein Kamerad grub ihn aus. Nach seiner Wiederherstellung mußte Müller die Kämpfe in Galizien und Rumänien mitmachen, bis sein Regiment wieder nach Westen kam. Er schreibt aus Flandern unter dem englischen Artilleriefeuer: „Wir sind genau so in den Löchern umher wie voriges Jahr bei Verdun. Gräben gibt es überhaupt nicht. Dazu sehr schlechtes Wetter, so daß man schier versauft im Dreck." Sein Trost war die Aussicht auf baldigen Urlaub. Jedoch während der Ablösung brachte eine feindliche Mine die Verletzung, die zum Tode führte. Er starb am 3. August. „Begräbnisstätte unbekannt" schreibt sein Feldwebel. Wie sein Grab, so wird auch sein schlichtes Leben bald im Dunkeln liegen. Und doch wiegt sein Opfer schwerer als das der Besitzenden und Betrauerten.

17. August 1917. Auf dem Unglücksfeld von Verdun beginnt der dritte Akt der feindlichen Sommeroffensive: die Franzosen greifen an, unterstützt von neuem Vorstürmen der Engländer in Flandern. Wir spüren wieder das Zittern im Körper des schwer kämpfenden Schiffes.

Die Ernte ist im Gang. Alle möglichen Arbeitskräfte: Gefangene, Urlauber, Städter, sind zu sehen. Für baldige Ablieferung von Getreide wird wieder die Frühdruschprämie gewährt.

Der Papst hat den Völkern Friedensvorschläge gemacht. Niemand wagt auf einen Erfolg zu hoffen.

26. August 1917. Seit Tagen stürmen auch die Italiener am Isonzo. Unsere Soldaten, einer dreifachen Hölle gegenüberstehend, in Flandern, bei Verdun, in Norditalien, harren aus. Die Heimat kennt die Gefahr nicht genug, sonst müßte sie alles Kleine vergessen in diesen Wochen.

5. September 1917. Die Amerikaner haben den Friedensvorschlag des Papstes abgelehnt. Alle Hoffnungen dürfen begraben werden. Unsere Truppen in Rußland helfen uns die schwere Zeit tragen. Sie marschieren unaufhaltsam vor. Riga wurde eingenommen.

12. September 1917. Die Wissenschaft hat entdeckt, daß Queckenwurzeln zu gutem Futter für Pferde und Hühner verarbeitet werden können. Nun sollen die Schulkinder auf den Äckern Quecken sammeln. Die Bauern schimpfen darüber und behaupten, solches Zeug fräßen die Tiere nicht.

Ein paar Mitglieder der Gemeindeverwaltung müssen mit dem Bürgermeister in den Häusern umhergehen und nach kupfernen und messingenen Gegenständen suchen, die noch nicht abgeliefert worden sind. Daß sie bei diesem Geschäft überall liebreich aufgenommen werden, läßt sich denken. Die Hausfrauen verteidigen ihre schönen Messingpfannen und Kupferkare, soweit sie sie nicht schon vorher versteckt haben, bis aufs Blut.

22. September 1917. Die Kartoffeln werden geerntet, gottlob in größerer Menge als im Vorjahr. Da auch die Weizenernte gut war, dürfen nun wieder Semmeln gebacken werden; auch das Schwarzbrot, dem in letzter Zeit vielfach Rüben- statt Kartoffelmehl zugesetzt wurde, wird wieder besser schmecken mit Kartoffelzusatz. Die Hausfrauen können ihre Kartoffelspeisenrezepte, die im Kriege

besonders geschätzt sind, wieder vorsuchen. Die Nahrungssorgen sind etwas gelindert.

29. September 1917. Das Ende des Monats ist so schwer wie sein Anfang. Überall wiederholen sich die heftigen Angriffe auf unsere Stellungen.

6. Oktober 1917. Die endlosen Angriffe in Flandern sind eine sonderbare Begleitmusik zu dem vielen Gerede über den Frieden, das von den Staatsmännern herüben und drüben in diesen Wochen zu hören ist.

13. Oktober 1917. Die Getreideverteilung ist neu geregelt worden. Der Bauer darf für die Zeit vom 15. November bis 15. August 1918 für den Kopf seines Haushalts 163 Pfund Brotgetreide zurückbehalten. Die Müller müssen Roggen und Weizen zu 94% ausmahlen. Der Preis für Haushaltungsmehl wird auf 29 Pfg. für das Pfund festgesetzt.

20. Oktober 1917. Die siebente Kriegsanleihe endete mit 12½ Milliarden Mark.

Eine Sammlung, die ausnahmsweise einmal Freude bereitet, führten wir dieser Tage durch: die Altpapiersammlung. Besonders die Gemeinderegistratur reinigten wir von überflüssigem Ballast. Ob wir das Papier in Form von Papierstoff wiedersehen müssen?

29. Oktober 1917. In Italien haben unsere Truppen den Stiel umgedreht und sind zum Gegenangriff vorgegangen. Sie treiben die Italiener im Sturmschritt vor sich her. Mehr als 30000 Gefangene sind gemeldet. Wir gönnen unsern ehemaligen Bundesgenossen die Niederlage. Und doch will keine rechte Siegesstimmung aufkommen; wir leiden mit unsern Soldaten im Westen, die unter

beständigen Großangriffen der Engländer in Flandern und neuerdings wieder der Franzosen bei Soissons Unerhörtes auszustehen haben, um die Heimat vor dem mit allen Mitteln versuchten Einbruch zu schützen. Ein paar Sätze aus einem Feldpostbrief Andreas Ebners sagen alles: „Wir sind immer noch in Flandern. O du schreckliches Poelkapelle mit deinem Schlamm und Dreck, könnte dich nicht die Hölle verschlingen! Es ist hier zum Wahnsinnigwerden! Und dabei spricht man vom Frieden; nein, so sieht er nicht aus."

3. November 1917. Schulfrei und Fahnenflattern wegen des großen Sieges über die Italiener am letzten Oktobertag. 60000 Gefangene an einem Tag!

8. November 1917. Mit großer Genugtuung nimmt das Volk die Nachrichten über die fürchterlichen Niederlagen der Italiener auf. Sie büßten in einer einzigen Woche 200000 Gefangene und 1800 Geschütze ein. Die Offensive geht weiter, beglückwünscht vom ganzen Volke.

In Rußland beginnt es wieder zu gären. Die Zeitungen berichten von bolschewistischen Aufständen. Die Front ist morsch und bricht, wo sie angestoßen wird.

Trotzdem lassen die Westmächte den Frieden nicht zu. Sie warten und hoffen nun, nachdem ihre Offensiven nicht geglückt und ihre Aushungerungspläne vereitelt sind, auf die Hilfe Amerikas und vielleicht auch auf unsere innere Uneinigkeit. Der Streit um die Kriegsziele ist bei uns in voller Schärfe entbrannt. Die einen verlangen große Eroberungen, die andern versöhnlichen Ausgleich ohne Ländererwerb. Ebenso wird um die Neugestaltung der inneren Verhältnisse, wie sie nach dem Krieg erfolgen soll, gestritten. Zwei

Reichskanzler wurden dem Streit geopfert, der dritte, Hertling, ist eben in diesen Tagen ernannt worden. Er setzt sich zum Ziel die innere Einigung des Volkes.

13. November 1917. Um das Obst der Volksernährung nicht zu entziehen, ist die Herstellung von Most verboten. Die Mehlmenge, die nach der Ernte wieder 220 Gramm in der Woche betrug, wird schon wieder auf 200 Gramm gestutzt. Auch die den Bauern zugestandene Menge von 162 Pfund wird auf 153 Pfund zurückgesetzt. Die Ernteerhebung im ganzen Reich scheint also keine günstigen Ziffern geliefert zu haben. Die Angaben waren wohl allenthalben viel zu gering. Denn immer mehr kommt das Hamstern in Schwung, das dem Bauern höhere Preise bringt, als er sie vom Kommunalverband erhält. Es bilden sich zwischen Stadt- und Landfamilien häufig feste Beziehungen heraus. Fast jeden Sonntag kann man die gleichen Leute aus der Stadt in den Bauernhäusern sitzen sehen, ihre Rucksäcke neben sich. Wie aber geht es denen, die nicht Zeit und Geld haben zu dieser Art Zuschußversorgung? Was macht z. B. eine Frau mit kleinen Kindern, deren Mann im Felde steht?

24. November 1917. Holz ist sehr teuer. Amtliche Richtpreise: für einen Ster Weichholz erster Klasse 16 Mark, Hartholz 20 Mark ohne Fracht oder Fuhrlohn.

Eine Umschau nach den im Felde stehenden Soldaten aus unserer Gemeinde ergibt: 7 sind im Westen, darunter 2 in Flandern, 3 sind in Rumänien, je 1 ist in Galizien, Riga, Mazedonien und Palästina.

Josef Sonderholzer liegt in rumänischen Lazaretten infolge Verwundung und Ruhr.

3. Dezember 1917. In den Garnisonsstädten werden die fürs Feld bestimmten Truppen immer noch mit Musik zum Bahnhof begleitet. Jedoch war die Abschiedsstimmung in den verschiedenen Kriegszeiten nicht immer die gleiche. Die ersten Abschiede, anno 1914, die waren wild und stürmisch, voller Kampfesungeduld und Kraftüberschwang. Dann wurden sie stiller, gedrückter, schwerer. Das war besonders 1916 so, wo wir Verdun und Somme zu bestehen hatten. Es gab einen Stich ins Herz, wenn wir damals einem Truppenabmarsch begegneten; der Gedanke an ein Leichenbegängnis drängte sich auf. So war es auch die trostlosen Monate des Jahres 1917 hindurch. Heute aber spürt man wieder mehr Zuversicht, mehr Überlegenheitsgefühl. Es geht an eine Front des Sieges, nach Italien; das ist ein Trost und eine Genugtuung für die Soldaten. Dazu kommt das Gefühl, als ob wir bald über dem Berge wären und das Schwierigste hinter uns hätten, als ob es dem Frieden entgegenginge — der nahende Waffenstillstand mit Rußland hebt die Brust und stärkt den Arm zum letzten Vollbringen.

17. Dezember 1917. Eine frohe Kunde: der Waffenstillstand mit Rußland ist unterzeichnet! Ein weltgeschichtliches Ereignis, dessen Tragweite wir heute nicht zu ermessen vermögen. Wir haben im Kriege gelernt, auch bei großen Nachrichten stille zu bleiben. Vielleicht tun wir unrecht, nicht zu jubeln. Aber wer weiß das?

23. Dezember 1917. Weihnachten naht wieder. Die Soldaten drängen aus den Garnisonen in Urlaub nach Hause. Die Verkehrsschwierigkeiten jedoch sind groß: Kohlen-, Wagen-, Personalmangel, wenig Züge, ungeheurer Andrang. Die Urlauber wurden gleichmäßig auf Tage und Züge verteilt. Trotzdem gab und gibt es

angstvolle Drängereien auf den Bahnhöfen. Unvernünftige reißen die Sperrgitter ein oder klettern darüber, viele kommen überhaupt nicht mit.

Die Leute in den Zügen sprechen prophetisch von den kommenden Dingen. Ein paar Österreicher erzählen, viele ihrer Kameraden seien an die deutsche Westfront gekommen; ein Badener spricht von den zahlreichen Truppenzügen, die nach Frankreich rollen; und endlich haben sie auch den Offensivplan des deutschen Generalstabs entdeckt: nächste Woche soll es losgehen, und zwar in Flandern und Italien gleichzeitig. Der Friede muß dann bald nachkommen, meinen sie. Glückliche Leute!
Eines jedoch ist sicher: der russische Waffenstillstand brachte eine Hochhebung der Volksstimmung fast auf den Stand von 1914. Mit diesem Geiste wird uns zweifellos vieles glücken.

29. Dezember 1917. In Brest-Litowsk begannen die Friedensverhandlungen zwischen Rußland und den Mittelmächten. Den übrigen Feindmächten wurde angeboten, sich daran zu beteiligen auf der Grundlage: keine gewaltsame Einverleibung fremder Landesteile, keine Kriegsentschädigungen. Die französische Kammer hat bereits darauf geantwortet: ein tobendes Nein! Diese Haltung ist uns unverständlich. Was wollen die Franzosen noch erwarten? Können sie hoffen, jetzt noch zu siegen, da unsere Truppen im Osten frei werden?

31. Dezember 1917. Der letzte Tag eines schrecklichen Jahres! Wir waren hoffnungslos lange Monate hindurch Amboß: im Frühjahr bei Arras und an der Aisne, im Sommer und Herbst bei Verdun und in Flandern. Kein Wort ist groß genug, um das auszudrücken, was die Heimat dem Frontsoldaten an Dank schuldet;

kein Wort aber auch hart genug, um diejenigen zu brandmarken, die angesichts solchen Heldentums ihrem Eigennutz zu leben vermögen; die sich durch Lüge und Heuchelei von jeglichem Vaterlandsdienst zu drücken versuchen; die Schmierwesen und Günstlingswirtschaft dulden; die sich als Vorgesetzte nicht zur Not- und Pflichtgemeinschaft des einfachen Soldaten bekennen.
Die heurige Weihnachtsspende für die Soldaten ergab 109 Mark.

Neujahr 1918. Ernster, trüber Neujahrstag. Draußen graut der Nebel und hängt der Reif an den Bäumen; nicht weniger düster ist es drinnen in der Menschenbrust. Da liegen graue Vergangenheit und undurchsichtige Zukunft gleich schwer beieinander. Wird einer der 365 Tage des neuen Jahres derjenige sein, an dem die Friedensglocken läuten, an dem sich die vielen zerrissenen Familien wieder schließen, an dem die Soldaten in ihren Friedensberuf zurückkehren? Lauter Fragen ohne Spur einer Antwort. Unsere Hoffnungsbäume sind kahl geworden. Wie bestimmt wurde das Jahr 1917 als das letzte der Kriegsjahre vorhergesagt! Heuer trauen sich nicht einmal mehr die Zeitungen prophezeien, daß das Jahr 1918 den Krieg beende. Schwer wird uns jeder neue Tag des neuen Jahres werden; doch wir müssen sie wohl oder übel tragen; sind wir doch nicht des Schicksals Meister, sondern seine Werkzeuge.

15. Januar 1918. Die Fettkarte wurde um 20 Gramm verringert.

3. Februar 1918. Es gärt im Innern des Reiches. Der Streik schlich sich die vergangene Woche durch die Städte. Auch in München gab es Umzüge und stürmische Versammlungen, geleitet von dem Berliner Schriftsteller Eisner. Die Streikenden wollen Frieden, besonders schnelleres Verhandeln mit Rußland, Brot und mehr Recht im künftigen Deutschland. Der Bewegung fehlt die beste

Stütze: die Zustimmung des breiten Volkes, das so vernünftig ist einzusehen, daß auf diese Weise unsern Feinden in die Hände gearbeitet wird.

7. Februar 1918. Die Streikzeit ist vorüber, die Führer sind verhaftet. In Rußland tobt der Bürgerkrieg fort; jeden Tag lesen wir von neuen Republiken, die sich abgesplittert haben.
Die Not an Schuhzeug führt zu allen möglichen Ersatzmitteln, wie Holzschuhen und Papiersohlen. Strohschuhe machen sich die Leute selbst; sie werden besonders von Kindern gern getragen.

11. Februar 1918. Friedensschluß mit der Ukraine, dem bisherigen Südrußland! Er wurde am 9. Februar nachts 2 Uhr unterzeichnet. Wie das Ereignis in Silheim gefeiert wurde, zeigt folgender Kinderaufsatz: „Die erste Friedensfeier. Wir gingen zum Wurzensepp. Jedes Kind kaufte ein Fähnlein. Der Baur Jakob hatte eine große Fahne. Dann stellten wir uns auf. Vorn war der Sepp mit der Trommel. Wir zogen durch das Dorf. Der Wurzensepp trommelte, Wir sangen Lieder. Die Leute schauten heraus und lachten." Der Wurzensepp ist ein Veteran vom Krieg 1870/71.
Wegen Mangel an Brennstoffen muß die Schule in diesem Winter den Unterricht an sehr kalten Tagen aussetzen.

23. Februar 1918. Da die Russen die Verhandlungen in die Länge ziehen wollen, marschieren unsere Truppen, ohne viel Widerstand zu finden, in das weite, aufgelöste Reich hinein, plündernde und ordnungslose Soldatenhorden vor sich her treibend. Tausende von Geschützen, Gefangenen, Eisenbahnwagen sind erbeutet.
Auch mit Rumänien sind nun Friedensverhandlungen eingeleitet.

6. März 1918. Der Friede mit Rußland ist unterzeichnet. Kein Ver-

ständigungsfriede — die Russen fügten sich den deutschen Bedingungen. Darum ist auch die Freude darüber nur gering. Die Kinder läuten zwar zwischen 11 und 12 Uhr mit dreimaligem Aussetzen die Glocken, erhalten auch einen schulfreien Tag, aber niemand glaubt an die Haltbarkeit des erzwungenen Friedensschlusses. Außerdem fürchten die Bauern, sie müssen ihre russischen Gefangenen abgeben, bevor ihre Söhne heimgekehrt sind. Im Jahre 1915, als Hindenburg den Grund legte zu diesem Frieden, da flogen die Fahnen von selbst in die Luft — nun aber hängen sie müde und pflichtgemäß an den Giebeln.

21. März 1918. Folgender Heeresbericht ist heute angeschlagen: „In breiten Abschnitten der Westfront ist heute früh die Artillerieschlacht mit voller Wucht entbrannt. Österreichisch-ungarische Artillerie hat sich am Kampfe gegen Engländer und Franzosen beteiligt." Das ist der lang erwartete Beginn der deutschen Offensive. Heute, am Tage des Frühlingsanfangs! Man wird still bei dieser Nachricht und geht zitternden Herzens seine Wege.

23. März 1918. Der Erzbischof von München hat für letzten Sonntag eine allgemeine Kriegsbetstunde um das Gelingen der Offensive angeordnet. Der letzte große Ausfall aus der Festung soll sie sein, die den Feind zum Abzug zwingt. Es wäre auch an der Zeit, daß wir Luft bekämen. Die Stickluft von Schwindel und Kriegswucher wird immer dicker, die zur Kriegführung nötigen Rohstoffe werden immer weniger. Vergangene Woche wurden bei uns die Kupferdrähte der elektrischen Hochleitungen heruntergenommen und durch Zinkdrähte ersetzt; kupferne Kirchenkuppeln werden abgedeckt, Kirchenglocken eingezogen. 62 Glocken lieferte unser Bezirk schon ab, viele Türme haben nur mehr eine einzige Glocke. Die beiden

Glocken unseres Kirchleins wurden bisher verschont wegen ihres hohen Alters; wie lange noch? Dagegen steht unsere Orgel mit leeren Augenhöhlen da, ihre Zinnpfeifen fehlen.

26. März 1918. Die große Schlacht zwischen Arras und La Fere hat zum Durchbruch der feindlichen Stellungen geführt. Peronne und Ham sind wieder in unseren Händen, 30000 Gefangene und 600 Geschütze erbeutet. Ein weittragendes Geschütz beschießt auf 120 km Entfernung Paris. Der im Westen nicht mehr für möglich gehaltene Bewegungskrieg ist da! Nun haben die Kriegssprecher im Land wieder Oberwasser, sie malen sich den Fortgang der Kämpfe in den schönsten Farben aus.

4. April 1918. Die Offensive ist zum Stillstand gekommen; freiwillig oder erzwungen?

Die Bauern bauen wieder Flachs. Ein Teil davon muß abgeliefert werden, den Rest können sie für sich verwerten. Die Spinnräder waren diesen Winter schon in verschiedenen Häusern in Tätigkeit.

12. April 1918. Im Westen wird wieder an mehreren Stellen, besonders bei Armentieres, erfolgreich weitergekämpft. Doch ach, die Todesanzeigen in den Zeitungen erzählen uns, wie teuer die Erfolge erkauft sind! Die Truppenbefehlshaber zeigen den Tod ihrer Offiziere an: 7 von einem Regiment, 8 von einem andern, dazu täglich gefallene Flieger. Frauen veröffentlichen die Todesanzeigen für ihre Männer. Eltern geben in bitterem Stolze von gefallenen Söhnen, oft schon dem zweiten und dritten, Nachricht. In letzter, stummer Opferbereitschaft und Siegessehnsucht tragen die Betroffenen, trägt das Volk die schweren Wunden.

20. April 1918. Wie eine Übersicht des Bezirksamts zeigt, sind von

August 1914 bis Ende März 1918 an die Familien der hiesigen Krieger im ganzen 15131 Mark Unterstützungen ausbezahlt worden.

24. April 1918. Der vom ganzen Volke gefeierte Flieger Richthofen, der 80 feindliche Flugzeuge abgeschossen hat, ist gefallen.
Die achte Kriegsanleihe erreichte die außerordentlich hohe Summe von 14½ Milliarden. Unsere Schulkinder sind mit 1000 Mark daran beteiligt.

27. April 1918. Unsere Truppen haben den Kemmelberg, ein Bollwerk Flanderns, gestürmt. Wir beflaggen wohl, aber die Fahnen hängen weh und lang an der Wand, mehr eine Totenklage als ein Siegesgruß. Denn wir ahnen die Opfer dieses Sturms, und die Frage beginnt zu nagen: Kommen wir durch solch mühsame, stückweise Einzeleroberungen dem Frieden näher?

9. Mai 1918. Tabak ist sehr teuer. Die billigste Zigarre kostet 35 bis 40 Pfg. Ein Päckchen echten Tabaks zu erwischen ist für den Raucher ein Glücksfall. Als Ersatz werden Buchenblätter in die Pfeife gestopft. In den meisten Hausgärten wird Tabak für den Selbstgebrauch angebaut.

18. Mai 1918. Bei herrlichem Wetter erwarten wir das Pfingstfest und — den zweiten Teil des Großangriffs im Westen. An solchem Gottestage wie heute quält der Gedanke, warum das Eis des Völkerhasses nicht brechen will, doppelt. Man möchte die Menschen alle herausführen in die Einsamkeit der Natur, um sie zur Selbstbesinnung zu bringen.

26. Mai 1918. Draußen an der Front immer noch Kampfpause. Herinnen im Land: gute Witterung, schönes Wachstum in Garten und Feld, teure Preise, Herabsetzung der Brot- und Fleischration,

viel Glockenläuten für Gefallene, Hoffnung auf Friede im heurigen Jahre noch.

30. Mai 1918. Seit vorgestern ist die Offensive wieder mächtig im Gang. Sie geht von Laon und vom Damenweg aus südlich. Bisher schon große Erfolge.

5. Juni 1918. Unsere Truppen drangen vor bis an die Marne, wo sich schon 1914 unser Schicksal wendete. Der Vormarsch beträgt stellenweise 50 km; Soissons ist erobert, 50000 Gefangene sind gemacht. Die Franzosen werfen ihre Reserven dem Angreifer entgegen und suchen ihn zum Halten zu bringen.

13. Juni 1918. Südlich und westlich von Noyon hat eine neue Angriffsschlacht der Deutschen begonnen. Die Pariser beraten über die Verteidigung ihrer Stadt. Wir leben die Vorgänge an der Front in höchster Nervenanspannung mit. Die Sorgen der Heimat können uns jetzt, im entscheidenden Augenblick, nicht berühren.

25. Juni 1918. Im Westen seit langem Kampfpause. Die Österreicher kämpfen mit wechselndem Erfolg gegen Italiener und Amerikaner. Drei unserer Jüngsten müssen heute einrücken. Einer davon ist erst 17½ Jahre alt.

7. Juli 1918. Anton Doser, der als erster einrückte, damals strotzend von Gesundheit und Lebenslust, ist halb blind, das Gesicht voller Operationsnarben, mit gebrochener Kraft aus dem Lazarett in Urlaub hier. Er erzählt seine Leidensgeschichte: „Am 5. März 1917 morgens ½7 Uhr lagen wir an der Vimy-Höhe in zweiter Linie. Ich schlief mit mehreren Kameraden im Unterstand. Da rief plötzlich einer: Hinaus! Ich riß die Türe auf — da stand der Graben voller Schottländer! Sie hatten die erste Stellung überrannt und

waren bei uns eingedrungen. Ich ging sofort wieder zurück, aber schon krachte eine Wurfmine, von der mich ein Splitter ins Gesicht traf und bewußtlos machte. Die Engländer beschütteten den Unterstand, wie mir meine Kameraden nachher erzählten, mit Benzin und zündeten ihn an. Ich lag zwei Stunden darin, verbrannte aber nicht, da ich durch herabgerutschte Erde gegen das Feuer geschützt war; jedoch war meine Gesichtshaut noch monatelang schwarz. Die Engländer wurden aus dem Graben wieder vertrieben, und ich kam in ein Feldlazarett vor Douai. Dort lag ich drei Wochen bewußtlos und wurde künstlich ernährt. Erst am 28. März kam ich zu mir — aber es war Nacht um mich, ich war blind. Nun erst erfuhr ich, wie schwer meine Verletzungen waren: das rechte Auge war herausgeschossen und verloren; das linke, ebenfalls aus seiner Höhle gedrungen, konnte wieder eingenäht werden, war aber mit dem Wundstar behaftet und daher blind; Stirn- und Nasenbein waren zertrümmert. Ich kam in Lazarette nach Bamberg und München. 13 Operationen mußte ich ausstehen. Es wurden Knochen versetzt, es wurde aus meinem Schienbein ein Stück herausgemacht und als Nasenbein eingesetzt, eine neue Stirnhaut aus dem Oberschenkel geschnitten und so mein Gesicht wieder zusammengeflickt. Am 7. Dezember, nachdem ich 9 Monate blind gewesen, wurde der Star operiert, und ich erhielt mein Augenlicht wieder."

15. Juli 1918. Nach längerer Krankheit bin ich vom Militärdienst zunächst beurlaubt und habe meine Schule, die 2 Jahre von meiner Frau geführt wurde, wieder übernommen.

Die Höchstpreise für Brotgetreide aus der neuen Ernte sind: Roggen 15,75 Mark, Weizen 16,75 Mark für den Zentner.

21. Juli 1918. Zu den Getreidehöchstpreisen ist auch heuer wieder eine Frühdruschprämie ausgesetzt: für Ablieferung vor dem 16. Juli beträgt sie 6 Mark und verringert sich jeden halben Monat um 1 Mark. Gegenden mit spätem Erntebeginn, wie die unsere, sind benachteiligt, was zu Unzufriedenheit führt.

Im Westen hat eine neue Kampfhandlung begonnen. Unsere Truppen griffen beiderseits Reims an, die Franzosen und Amerikaner jedoch gingen sofort zur Gegenoffensive über, so daß nun ein mächtiges Ringen entstanden ist, dessen Ausgang niemand voraussehen kann. Sollte es die letzte Entscheidung bringen? Oder, wie wir fast fürchten, eine abermalige Hinauszögerung des Endes? Was dann geschähe, bei der verworrenen Haltung der Österreicher, bei der Friedenssehnsucht des eigenen Volkes, beim Heimweh der Soldaten, läßt sich schwer denken.

2. August 1918. Wiederum Kriegsneujahr! Wir denken an die Friedensjahre wie an kinderselige Jugendzeit. Die Last des Krieges beginnt gerade in diesen Tagen, da sich die Zukunft neuerdings verhüllt, übermäßig schwer zu werden. Alle Hoffnung auf baldigen guten Ausgang ist im Wanken. An der Westfront beginnen beiderseits die Vorbereitungen zu neuen Kämpfen, nachdem die französische Gegenoffensive nach einigem Geländegewinn zum Stillstand gekommen ist. Im Osten wüten blutige Gewaltmenschen; der Zar wurde in der Gefangenschaft erschossen.

In der Heimat hat bei guter Witterung die Ernte begonnen; sie verspricht reichlich zu werden. Leider sind die Bauern geneigt, das Getreide zu früh zu schneiden, weil sie eine möglichst hohe Frühdruschprämie erwischen wollen. Eigene und fremde Soldaten sind als Erntearbeiter hier. Die Schulkinder sammeln wieder eifrig

Brennesseln. Trotzdem wird die Stoffnot nicht geringer. Von einem Anzugpreis von 1000 Mark sind wir nicht mehr allzuweit entfernt. Daher verlangt die Reichsbekleidungsstelle von den wohlhabenden Kreisen Ablieferung aller überflüssigen Männerkleidung; es sollen damit die Arbeiter in kriegswichtigen Betrieben versorgt werden. Unser Bezirk sollte 330 Anzüge aufbringen, bisher gingen aber erst 90 ein.

13. August 1918. Seit zehn Tagen ununterbrochen Regen! Und draußen liegt die reife Frucht und kann nicht eingebracht werden. Dazu schlimme Nachrichten von der Front. Engländer und Franzosen greifen unter mächtigem Einsatz von Artillerie und Tanks an. Rückzug der Deutschen auf der ganzen Linie. Die Stimmung der Urlaubssoldaten und daher auch des Volkes steht auf Null. Die Gewißheit eines neuen Winterfeldzuges rückt näher, die Hoffnung auf unsern Sieg ferner.

19. August 1918. Heute beginnt die erste fleischlose Woche, drei weitere werden im Lauf der Monate September und Oktober folgen. Die Fleischkarten sind in diesen Wochen ungültig. Auf dem Lande, wo ohnehin wenig Fleisch gegessen wird, ist das nicht schwer zu ertragen.

24. August 1918. Opfertag. Jetzt, wo die offene Gefahr im Westen steht, hilft die Angst die Geldbeutel öffnen. Es wurden 84 Mark gespendet.

Die Witterung hat sich vor acht Tagen gebessert, die Ernte ist zu Hause. Roggen und Gerste haben gelitten, die übrigen Früchte wurden in gutem Zustande geborgen. Die Bauern sagen, ihre Scheunen seien schon lange nicht mehr so voll gewesen wie heuer. Die Serben wollten während der Ernte nicht mehr recht angreifen.

Der Krieg dauert ihnen zu lange. Sie waren häufig „krank", besonders an arbeitsreichen Tagen. Da blieben sie dann in ihrem Quartier, kochten, holten Bier und ließen sich's wohl sein. Da sie aus ihrer Heimat oft Lebensmittel erhalten, können sie besser leben als wir. Der Serbe bei unserem Nachbarn, der schon mit 15 Jahren heiratete und 4 Kinder zu Hause hat, ist mit unserm kleinen Buben sehr lieb; kürzlich schenkte er ihm sogar aus seiner Heimatsendung ein Stück Zwieback.

31. August 1918. Die Grummeternte ist bei gutem Wetter in vollem Gang.

Die Großschlacht im Westen geht unvermindert weiter. Die Heimat weiß nicht mehr, soll sie hoffen oder zagen. Unsere Soldaten schreiben, daß in den letzten Monaten halbe Regimenter an Grippe krank gewesen seien. Sollte auch das zu unsern Mißerfolgen beigetragen haben?

4. September 1918. Bei der kürzlichen Viehzählung stimmen wohl die Angaben über das Federvieh am wenigsten. Wegen der gefürchteten Eierablieferung geben die Bäuerinnen ihren Hühnerhof so klein wie möglich an. Sie verkaufen ihre Eier lieber an Hamsterer oder geben sie in Geschäften in Tausch gegen Waren.

Ein Bild aus der Kriegszeit: Ich sitze mit dem Bürgermeister, der in Urlaub hier ist, bei einem Glas Dünnbier im Wirtshaus. Da kommt der Gendarm und fragt nach dem Wirt. Er übergibt ihm ein Schreiben, worin festgestellt ist, daß der Wirt drei Kälblein aus dem Nachbardorf Bühl gekauft hat, was in doppelter Hinsicht „strafmäßig" ist. Erstens: Bühl gehört zu einem andern Bezirksamt als Silheim, und ohne dessen Erlaubnis darf nichts über die Grenze „ausgeführt", also ins nächste Bezirksamt verkauft werden.

Zweitens: da die Kälber schon über 3 Monate alt waren, durften sie im freien Handel überhaupt nicht mehr verkauft werden, sondern mußten an die Aufkäufer des Kommunalverbandes abgegeben werden. So ist die ganze Wirtschaft jetzt gebunden, wie es zur Zeit der Zünfte und Zollschranken kaum der Fall war. Nicht einmal Obst aus meinem Hausgarten darf ich ohne Erlaubnis an irgendeine Privatperson schicken. Nicht nur Getreide, Vieh, Obst, Stoffe, Kupfer, Aluminium, Leder, Zinn, Glocken, Orgelpfeifen usw. sind beschlagnahmt, sondern auch Bett- und Tischwäsche, Fässer, Ferngläser, Walnüsse, Seegras, Flachs, Holzspäne, getragene Schuhwaren usw. Für alle diese und noch viel mehr Dinge, z. B. Most, Spinat, Sauerkraut, Waldbeeren, Zündhölzer usw. gelten Höchstpreise. Über diese Menge von Vorschriften und Einengungen wird natürlich viel hin- und hergeredet, geschimpft und gespöttelt. Wenn das Gericht alle, die dagegen sündigen, fassen wollte, wären die Gefängnisse voll.

15. September 1918. Der Krieg dauert ohne Aussicht auf ein Ende fort. Die Feinde greifen nun unsere alten Siegfriedstellungen an; hoffentlich rennen sie sich daran die Köpfe ein! Ein österreichisches Friedensangebot an unsere Feinde wurde ablehnend beantwortet. Sie rechnen also, ermuntert durch die letzten Erfolge und durch die Hilfe Amerikas, auf Sieg.

Die neunte Kriegsanleihe liegt auf. Die Lust zur Zeichnung ist begreiflicherweise schlecht.

Die Höchstpreise für Obst betragen 47—56 Pfg. für das Pfund.

28. September 1918. Bei gutem Wetter ernten die Bauern große Mengen Kartoffeln.

Unser Geistlicher, Expositus Lang, ist vom Felde zurück. Er hat die Seelsorge wieder übernommen.

1. Oktober 1918. Die Ferien sind heute zu Ende.

Die schwersten Tage des bisherigen Krieges scheinen angebrochen zu sein. Die Anstürme auf unsere Truppen im Westen sind furchtbar. Die ganze Engländer-, Franzosen- und Amerikanerfront ist zum Generalsturm losgegangen und hämmert mit aller Gewalt ihrer Menschen- und Waffenübermacht auf unsere Stellungen ein, sie da und dort einstoßend. Auch von unseren Verbündeten kommen Unheilsbotschaften: die Türken erlitten in Palästina eine schwere Niederlage, die Bulgaren wollen auf eigene Faust Frieden schließen. Dazu unsere inneren Nöte! Eine neue Kanzlerkrise ist ausgebrochen, die Geldkurse fallen — es sieht aus, als ob plötzlich alles wankte, als ob wir verloren wären! Was soll man dem verzweifelnden Volke sagen? Das erstemal während der vier Kriegsjahre legt man sich ernsthaft die Frage vor: Wär's möglich, daß der Feind ins Land käme?

7. Oktober 1918. Die gestrigen Zeitungen bringen so bedeutsame Meldungen, daß ein schmerzliches Umdenken nötig ist, um sie in ihrer Tragweite zu fassen. Die neue Reichsregierung unter Prinz Max von Baden sieht unsere Lage so an, daß sie ein sofortiges Friedensangebot unter Annahme der Wilsonschen Bedingungen nach Amerika zu richten für nötig hielt. Damit erscheinen wir als die Besiegten. Unsere Niederlage im Westen brachte die entscheidende Wendung.

Wenn es schon so weit ist, so hilft uns wohl nichts jetzt, als erst recht zusammenzustehen, um das Vaterland in seiner größten Not nicht zu verlassen, um, wenn die Feinde unser Angebot ablehnen sollten, unsere letzte Kraft zum Widerstand der Verzweiflung zu sammeln, um, wenn sie es annehmen, den kommenden schweren Frieden mit Mut und in Ruhe zu tragen.

Dahier wurde kürzlich die große Glocke vom Turm genommen, um für den Krieg eingeschmolzen zu werden. Sie machte seit 1847 ihren vielbedeutenden Dienst; nun steht sie in der Kirche und wartet ihres Schicksals.

8. Oktober 1918. Die Gedanken sind beim großen Weltgeschehen. Unsere Truppen wurde aus Bulgarien zurückgezogen. Auch aus Palästina marschieren sie über Damaskus nach Norden. Damit ist unsere Balkanpolitik und unser Streben nach Erhaltung der Türkei gescheitert. Die große Idee der geraden Verbindung unseres Landes mit Konstantinopel und über Bagdad mit dem freien Meer ist begraben. England wird nun dort herrschen, ebenso wie in unsern Kolonien, die uns im Namen der „Freiheit und Menschlichkeit" geraubt werden. Nun, da unser Arm erlahmt, bleibt gegenüber solcher Heuchelei nichts übrig als zu schweigen und zu hoffen, daß wenigstens der eine Punkt der Wilsonschen Bedingungen Erfüllung findet, der freien Handel und freies Meer für alle Völker vorsieht. Dann wollen wir in Gottes Namen mit deutschem Fleiß wieder vorne beginnen, das Reich im Gedenken unserer Toten aufzubauen.

12. Oktober 1918. Aus den fleischlosen Wochen werden bei uns auf dem Lande meist fleischlose Doppelwochen. Da ist es dann wirklich ein Ereignis, der Aufzeichnung wert, wenn der Metzgerwagen mit zwei Pfund Fleisch vors Haus fährt, wie heute geschehen.

16. Oktober 1918. Heute wird die Note Wilsons auf das deutsche Friedensanerbieten bekannt. Sie zeigt, wie tief wir uns beugen

müssen, um aus den Händen des heuchlerischen Amerika und der haßerfüllten Weststaaten Frieden zu bekommen. Soll es wirklich so weit kommen, daß uns das Ausland vorschreiben kann, wie wir unser Reich im Innern gestalten? Aber wir können den Forderungen der Feinde keinen einheitlichen Willen mehr entgegensetzen. Überall gärt es. Die Schreier kommen obenan.

Das Landvolk steht diesen Ereignissen ratlos gegenüber. Gerüchte blühen auf wie zu Kriegsbeginn: Kaiser und Kronprinz danken ab, Bayern macht sich selbständig, das Reich löst sich auf.

Unsere Glocke steht immer noch in der Kirche. Kein Bauer gibt sein Fuhrwerk für den Abtransport her.

Am Sonntag berechneten wir in der Gemeindeverwaltung die Ablieferungsschuldigkeit der einzelnen Landwirte für das neue Erntejahr und kamen dabei zu einer Summe von 656 Zentner. Als Durchschnittsertrag wurde pro Tagwerk angenommen: bei Weizen 10, bei Fesen 8, bei Roggen 7 Zentner. Hiervon verbleibt dem Bauern das Saatgut (115 Pfund Roggen, 130 Pfund Fesen oder Weizen pro Tagwerk) und der Eigenverbrauch (216 Pfund pro Person und Jahr). Von verschiedenen Landwirten wird freiwillig über die Pflichtmenge hinaus abgeliefert werden.

19. Oktober 1918. Neue Höchstpreise: 1 Liter Milch 30 Pfg., 1 Pfund Butter 3,10 Mark.

Unsere Westfront bewegt sich fortdauernd rückwärts, Lille und Douai, seit Jahren in deutschen Händen, wurden geräumt.

26. Oktober 1918. Um das Dreigestirn „Pest, Hunger und Krieg" vollzumachen, zieht zur Zeit die Grippe durch die Länder. Es gibt Massenerkrankungen mit vielen Todesfällen. Hier tritt die Krankheit bisher noch milde auf.

1. November 1918. Andreas Ebner schreibt von der Front über den „ewigen Rückzug": „Der Druck der Feinde wird immer stärker. Unsere Leute sind ausgepumpt und die Kompagnie ist so schwach. Die Feinde wissen ganz genau, daß wir aus dem letzten Loch pfeifen und hören nicht auf."

Alles ist in Erwartung der Waffenstillstandsbedingungen, die bereits in Händen der deutschen Regierung sein sollen. Niemand glaubt daran, daß wir uns ihnen ernsthaft widersetzen können, und wenn sie noch so hart sind. Unsere Lage ist schlimmer und unsere Zukunft trüber, als sich das kriegsmüde und durch die schweren Jahre zermürbte Volk vorstellen will und kann. Die Türkei verhandelt bereits gesondert mit dem Feind, Österreich hat sich so gut wie losgesagt von uns und geht seiner inneren Auflösung entgegen; deutsche Truppen müssen an die böhmische Grenze gelegt werden, um einen Einfall der Tschechen zu verhüten. Alles, was wir augenblicklich wünschen können, ist, daß deutscher Boden vollends vom Feinde verschont bleibt!

Ängstliche Leute stapeln Papiergeld im Kasten auf, weil sie glauben, daß es ihnen dann nicht mehr genommen werden könne. Dadurch ist ein großer Mangel an Bargeld entstanden, der sich insbesondere in den Fabriken bei Auszahlung der Löhne fühlbar macht — eine gefährliche Sache bei der gegenwärtigen Volksstimmung; gerade von den Arbeitern sollte jeder Zündstoff ferngehalten werden.

Die Grippe ist noch im Wachsen. Viele Schulen in den Städten und in der Umgebung sind geschlossen. Die Krankheit fordert zahlreiche Todesopfer.

Das von den Bäckern aus dem Mehl des Kommunalverbands gebackene Brot, auf das alle Nichtlandwirte angewiesen sind, ist in letzter Zeit so schlecht, daß es kaum mehr zu essen ist. Die Bauern haben ihr gutes, selbstgebackenes Roggenbrot, dazu die „weißen Laibe“ aus Weizenmehl. Tafelobst wird heuer mit 36 Mark, Most- und Fallobst — letzteres wird meist zu Marmelade verarbeitet — mit 15 Mark pro Zentner bezahlt. Ein Viertel Wein kostet 2,20 Mark. Stoffe und Schuhe sind fast nicht mehr zu haben; der Tauschhandel, Lebensmittel gegen Stoffe, breitet sich immer mehr aus. Sogar Hefe mangelt. Die ohnehin genug bedrängten Hausfrauen werden dadurch vor neue Schwierigkeiten gestellt, besonders in den fleischlosen Wochen. Sie haben viel zu denken und zu laufen, um da und dort wieder ein paar Pfund Mehl, Brot oder einige Eier zu bekommen. Mit der behördlich zugewiesenen Mehlmenge, die z. B. für eine dreiköpfige Familie 6 Pfund in vier Wochen (darunter zwei fleischlosen) beträgt, ist nicht zu leben. Das Stadtvolk kommt in immer größeren Scharen bis in die entlegensten Dörfer zum „Hamstern“.

3. November 1918. Immer wieder bringt das Bezirksamtsblatt Bekanntmachungen wie diese: „Wegen unerlaubten Verkehrs mit Kriegsgefangenen wurde die Dienstmagd (oder Landwirtstochter oder Landswirtsehefrau) N. N. zu vier Wochen Gefängnis verurteilt.“

5. November 1918. Die Gemüter sind erregt durch Gerüchte über harte Waffenstillstandsbedingungen; es wird von der Räumung der Pfalz gesprochen. Österreich hat mit Italien bereits Waffenruhe vereinbart. Wir befürchten, daß darin freier Durchmarsch für die Italiener gewährt ist; dann haben wir in 14 Tagen den Feind an der bayerischen Grenze! Auch die Türken haben mit den Feinden bereits abgeschlossen zu schmählichen Bedingungen. Wir stehen allein, bedroht von allen Seiten, durch innere Zwietracht der Faust der Sieger ausgeliefert.

Und in diesen schweren Tagen wagt das Reich noch einmal den Ruf nach Geld. Die neunte Kriegsanleihe ist ausgeschrieben. Im Auftrage des Bezirksamts fand im Schulsaal Gemeindeversammlung statt, die hierzu Stellung nehmen sollte. Soll und darf man die Leute nochmal aufmuntern zu zeichnen? Viele Gründe sprechen dafür: Es ist vor allem nötig, das aufgestapelte Papiergeld wieder in Umlauf zu bringen, um Unruhen zu verhüten; es ist besser, wir zeigen unsern Feinden, daß wir unser Land auch in der Not nicht im Stiche lassen; bei einem Reichsbankerott würden die Geldscheine nicht weniger entwertet als die Kriegsanleihen, denn beide sind Schuldverschreibungen des Reichs; jetzt nach Sündenböcken zu suchen, hat wenig Wert; auch die Loslösung Bayerns vom Reich, die viel erwogen wird, kann uns nicht retten; es gibt nur eines: Zusammenstehen in Glück und Unglück! Mit solchen Gründen traten Bürgermeister Mayer, der den ganzen Krieg hindurch das Gemeindeamt als Stellvertreter leitete und in allen schwierigen Lagen zwischen dem Wohl des Bauern und dem des Gesamtvolkes ehrlich und vernünftig vermittelte, und ich für die Zeichnung ein.

7. November 1918. Die Schulkinder zeichneten zur Kriegsanleihe 900 Mark.

10. November 1918. Revolution! Am Freitag den 8. blieben die Zeitungen von München aus. Garnisonssoldaten, die ohne Urlaub heimgekehrt sind, erzählen, daß in München die Revolution ausgebrochen sei. Die heute wieder erschienenen Zeitungen bringen volle Bestätigung. Bayern ist Republik. Die „unabhängigen Sozialisten" mit Kurt Eisner an der Spitze überrumpelten die Stadt und damit das Land, das von Revolution nichts wissen wollte. Die „Urlauber" ohne Urlaubsschein erzählen von den Vorgängen,

besonders von der völligen Ausplünderung des Bekleidungsamtes. Viele Menschen setzten in ihrer Verzweiflung die Hoffnung darauf, daß das Revolutionsfieber auch auf unsere Feinde übergreifen und dadurch ein vernünftiger Friede möglich werde. Kaiser und Kronprinz haben abgedankt — die Abdankung macht aber keinen tieferen Eindruck mehr.

12. November 1918. Wir müssen heute die Schule schließen, mehr als ein Drittel der Kinder ist an Grippe erkrankt.

Die Revolution breitet sich über das ganze Reich aus. Eben bringt die Zeitung die Meldung, daß die Waffen seit gestern, Montag, den 11. November mittags, ruhen. Die Bedingungen sind nach dem einmütigen Urteil all derer, die ihre Hoffnung nicht auf die Weltrevolution setzen, schmählich: die Blockade bleibt, unsere Gefangenen dürfen nicht zurückkehren, Belgien und Elsaß-Lothringen sind innerhalb 14 Tagen zu räumen, eine Menge Kriegsmaterial, Eisenbahnen, Kraftwagen, Kriegsschiffe ist abzugeben, das linke Rheinufer ist zu räumen, alle unsere Erfolge im Osten werden rückgängig gemacht. Wie ganz anders haben wir uns den ersten Tag der Waffenruhe vorgestellt alle die Jahre her!

16. November 1918. Heute zum erstenmal erscheint das Bezirksamtsblatt ohne den bisherigen Zusatz: „Königreich Bayern".

Die neue Regierung läßt in den Gemeinden Aufrufe anschlagen, die zur Arbeit anhalten und vor Plünderungen warnen: „Schon hatte sich auch bei uns gezeigt, daß eine Reihe von Menschen die Umgestaltung der politischen Verhältnisse benützte, um zu rauben und zu stehlen. Die Regierung ist entschlossen, Leben und Eigentum auf jede Weise zu schützen. Bezirksämter und Gemeindeverwaltungen müssen diesen Schutz sofort selbst in die Hand nehmen. Nur hingebungsvollste Arbeit kann Land und Volk retten. Jeder einzelne hat darunter zu leiden, wenn die Kartoffeln im Erdboden verfaulen, die Wintersaat nicht bestellt, die Lieferungspflicht nicht peinlich erfüllt wird. Hungern die Städte, so sind Plünderungen der Bauernhöfe die traurige Folge." Davon, daß die Bauern ihrer Arbeit nicht nachgingen, kann bei uns keine Rede sein; sicher aber ist, daß die Abneigung, die Erzeugnisse zwangsweise abzuliefern, künftig noch größer sein wird als bisher schon.

25. November 1918. Die Grippe raffte dahier ein junges Mädchen dahin. In vielen Häusern ist alles krank; schlimmer noch ist es in den Städten, wo der Tod unter den ausgehungerten Menschen reiche Beute findet. Fürwahr, eine trostlose Zeit! Keine Macht, kein Schutz mehr im Lande, das Reich mit seinem früheren Glanz, seinem Heer, seiner Flotte, seinem Welthandel liegt am Boden, der Rache der Feinde preisgegeben. Vielleicht weiß eine spätere Zeit gar nicht mehr, wie stolz wir auf unser junges, aufstrebendes Reich waren.

Und in dieser Stimmung sollen wir die heimwärts marschierenden Soldaten empfangen und ihnen, die vier Jahre lang Unmenschliches getan und gelitten, Freude bereiten. Das wird ein schmerzliches Freuen werden! Es ist bereits Einquartierung von Truppen, die in der Ulmer Gegend abgerüstet werden, angesagt. Die Leute flechten Kränze und schmücken die Häuser, während unser Heer in Eilmärschen das Feindesland verläßt.

28. November 1918. Das „Hamstern" stellt die ehrliche Gesinnung der Dorfbewohner auf harte Proben; immer liegt die Versuchung nahe, die Not des Städters auszunützen und sich die Lebensmittel höher als erlaubt bezahlen zu lassen. Aber auch manche

hamsternden Städter zeigen sich nicht von der besten Seite. Die Schüler wissen in ihren Aufsätzen allerhand davon zu erzählen. Ein paar Stellen seien hergesetzt: „An einem Abend trat ein großer Mann zur Tür herein und bat um Eier. Meine Mutter holte ihm ein paar. Als der Mann die Eierschachtel aufmachte, sah er, daß einige Eier einen Riß hatten. Wir gingen mit ihm in die Küche und halfen ihm die Eier frisch einpacken. Zuerst kamen zwei zerbrochene heraus. Er trank sie aus und gab mir die Schalen. Ich ging aufs Kornhaus und holte Spreu für ihn. Bis ich kam, lagen schon wieder drei leere Eier auf dem Herd. Da mußte ich lachen. Aber er mußte noch mehr austrinken, im ganzen zwölf. Die übrigen Eier packte er besser ein. Dann wollte er noch Schmalz und Milch haben. Seitdem war er schon so oft da, daß wir ihn nun bald hinaussperren. Das letztemal fragten wir ihn, wohin er die vielen Eier tut, die er immer hamstert. Da wurde er ganz rot und sagte: Ich bin kein Schleichhändler! Wir glauben es ihm aber nicht." — „Zwei Männer kamen beim Hof herein. Die Mutter ging schnell ins Kämmerlein und versteckte sich. Die Männer kamen in die Küche und fragten nach der Frau. Wir sagten: Sie ist nicht da. Da sagten sie: Gebt uns ein paar Eier! Wir hören gerade die Hennen schreien, geht nur hinaus und holt gleich die frischgelegten Eier herein! Wir werden die Frau dann schon antreffen und es ihr sagen. So bettelten sie eine halbe Stunde lang. Aber wir gaben ihnen nichts. Als sie draußen waren, schlossen wir die Haustüre zu." — „Eines Tages kam ein Hamsterer und sagte: Haben Sie keine Eier für mich? Ich komme bis von Augsburg. Das Hamstern ist eine große Pein. Ja, ja, das ist es für uns auch, sagte die Mutter, denn jetzt kommen zahllose Hamsterer. Er ging nicht, bis sie ihm zwei Eier gab. Er fragte, was eines kostet. Die Mutter sagte:

zwanzig Pfennige. Er zahlte und ging. Als er fort war, sagte die Mutter: Jetzt habe ich schon wieder zwei Eier hergegeben; bald bin ich so daran, daß ich selbst kein Ei mehr habe! Am andern Tag kam der Hamsterer wieder und sagte: Da habt ihr wüsten Leut eure Eier wieder! Überall habe ich große Eier bekommen, nur bei euch so kleine Klückerlein! Da sagte meine Mutter: Gebt sie her! Kein Mensch soll euch mehr etwas geben! und jagte ihn zur Tür hinaus. Draußen schimpfte er über die Bauern und ging brummend fort."

30. November 1918. Da die heurige Ernte außergewöhnlich viele kleine Kartoffeln aufweist, wurde verfügt, daß nur solche Kartoffeln verfüttert werden dürfen, welche kleiner als ein Zoll (2,7 cm) sind. Die Bauern werden sich kaum daran halten.
In Neu-Ulm werden die landesüblichen Wagen einer ungarischen Division, die auf dem Heimmarsch vom westlichen Kriegsschauplatz ist, versteigert. Ebenso versteigerte eine österreichische Division dort ihre Pferde.

6. Dezember 1918. Gestern zogen zum erstenmal zurückkehrende Truppen auf der Landstraße von Ulm her durch unsern Ort. Es war Artillerie, ein langer Wurm vom Walde bis nach Großkissendorf hinauf. Wir ließen die Fahne zur Begrüßung flattern. Müde Rosse, mit bayerischen und deutschen Fähnchen besteckt, zogen die Wagen. Eine trübe, stille Heimkehr! Dafür um so mehr Einkehr bei sich selbst. Kein Hurrarufen, aber ein sinnendes Stehen und Nachblicken, manche Träne im Aug', viel Dank und Bewunderung im Herzen.

10. Dezember 1918. Auf der Dorfstraße bei der Kirche prangt ein grüner Ehrenbogen, errichtet von den hiesigen Mädchen zum Empfang unserer Krieger. Die Kränze winden sich um das gleiche Holz-

gerüst, das schon 1871 die heimkehrenden Krieger empfing. Es hing die fünfzig Jahre durch unbenützt an einer Stadelmauer.

Josef Sonderholzer, der beim Sturm auf den Kemmel verwundet worden ist, ist aus dem Lazarett zurückgekommen. Er erzählt: „Am 25. April morgens 7 Uhr setzte nach furchtbarem Trommelfeuer und Gasschießen der Angriff ein. Es ging nur langsam und ruckweise vorwärts. Um ½11 Uhr mittags lagen wir in einer Mulde vor der letzten Höhe. Da schlug eine Granate hinter mir ein und ein Splitter davon fuhr mir durch den Stahlhelm in den Hinterkopf. Es schleuderte mich den Hang hinab. Ich konnte selbst noch zum Verbandplatz zurückgehen, wo mir der Splitter herausgezogen wurde. Hierauf kam ich in die Lazarette Mecheln und Deinze bei Gent. Dort wurde ich gleich am zweiten Tag operiert. Nach der Operation war ich einen Tag bewußtlos und hatte noch lange danach heftige Kopfschmerzen. Am 1. Juni kam ich mit Lazarettzug nach Marienburg in Westpreußen und später nach München."

18. Dezember 1918. Die Empfangsfeier für unsere Krieger haben wir auf den Stefanstag angesetzt. Sie soll so herzlich wie möglich werden.

Fast jeder Tag bringt die Rückkehr eines Soldaten. Ein jeder von ihnen weiß vom Rückzug zu berichten. Martin Baur: „Ende August setzte der Rückzug über Peronne, Maubeuge ein. Die Franzosen waren hart hinter uns her. Bis November wurde kein Pferd mehr abgesattelt." Anton Walter machte in sein Tagebuch folgende Einträge: „Abgerückt am 26. Oktober nach Tavaux, Massenquartier. Am 28. nach Martigny marschiert, 22 km; Brücken und Weichen gesprengt. Am 7. November nach Agny, Bahnhof zerstört, Franzosen auf den Fersen. Abends abmarschiert, nachts ein Uhr einquartiert in einem Heustadel im ersten Dorf in Belgien." Der Marsch ging dann weiter über Namur, der Maas entlang, über die Eifel bis Coblenz: eine Strecke von 430 km. Josef Berchtold, der zuletzt in Lothringen lag: „Bei der Kunde vom Waffenstillstand verließen die Truppen die Gräben und reichten sich die Hand zum Frieden. Am 15. November erfolgte der Abtransport über den Rhein, dann Fußmarsch über den Schwarzwald bis Donaueschingen." Lorenz Dirr: „Am 11. November mittags 12 Uhr war nach starkem Feuer plötzlich Ruhe und Waffenstillstand. Wir konnten es gar nicht glauben, daß nun wirklich wieder Frieden werden solle. Jeder war herzlich froh, daß der Krieg zu Ende geht, aber der Gedanke an die Zukunft, die einem solchen Frieden folgen mußte, ließ doch keine rechte Freude aufkommen." Georg Wiedenmann: „Wir lagen bis an der Marne und hatten den ganzen Rückzug mitzumachen. Zuletzt waren die Franzosen dicht hinter uns her. Da erkrankte ich noch an Grippe und konnte nicht mehr reiten. Sobald ich aber nur einen Tag zurückblieb, geriet ich in die Hände der Franzosen. Da marschierte ich trotz der Krankheit zu Fuß weiter und kam glücklich an den Rhein." Der Bericht Anton Sonderholzers läßt das unbegreifliche Jahr 1918, das unsere stärksten Hoffnungen so jäh vernichtete, nochmals ablaufen: „Am 21. Mai 1918 rückten wir in die Gegend von Reims ab, wo bereits am 27. Mai die deutsche Offensive begann. Unsere Pionierkompagnie wurde, trotzdem sie dem Landsturm angehörte, auf zwei Sturmkompagnien verteilt. Ich selbst erhielt mit 12 Mann ein Kommando; wir mußten den Sturmtruppen folgen und bei La Neuville eine Brücke über einen Bach und Kanal herstellen. Nachdem die Sturmtruppen vorgedrungen waren, standen wir wie befohlen draußen auf unserem Platz und warteten den ganzen Tag vergeblich auf die versprochene Zufuhr von Material. Abends 10 Uhr fuhren die Artillerei und die Kolonnen an und konnten nicht mehr weiter; es gab eine mächtige Stauung. Da schafften wir Material auf dem Rücken vor und bauten eine Behelfsbrücke. Am Abhang des Forts Thiry westlich Reims blieben wir dann in Stellung. Am 15. Juli begann eine neue Angriffsschlacht der Deutschen in dieser Gegend — es war die letzte. Wir wurden zwischen Infanterie und Minenwerfern im Graben aufgestellt. Das deutsche Trommelfeuer setzte um 1 Uhr nachts ein, um 1/24 Uhr morgens sollte der Sturm beginnen — da setzte viel stärkeres französisches Trommelfeuer ein. Es gab große Verluste. Um 1/26 Uhr wurde dann doch gestürmt, jedoch waren die feindlichen Stellungen leer. In der zweiten Stellung der Franzosen blieben wir liegen und hatten Stellungskampf bis zum 20. September. Doch der Feind war im Vordringen. Am 27. September wurden 62 kampffähige Pioniere, darunter auch ich, vorgeschickt zur Unterstützung der Gardedivision. Am 28. schon erfolgte der Angriff der Amerikaner. Die vorgelagerten Maschinengewehrtruppen verließen nach Gasangriff ihre Stellungen, wir 62 Mann hielten den Angriff mit Gewehrfeuer auf. Drei Tage lagen wir vorne, litten Mangel an Nahrung und wurden kraftlos. Die Kompagnie nebenan gab sich zur Hälfte gefangen und floh zur anderen Hälfte. Da mußten wir auch diese Lücke noch ausfüllen; es traf von 12 zu 12 Meter noch einen Mann. Am 29. abends drangen zwei Tanks durch unsere Stellung und rollten sie auf. Am rechten Flügel mußten sich 17 Mann unserer Kompagnie ergeben, wurden aber von den Amerikanern erschossen. Wir auf dem linken Flügel hatten bessere Deckung und konnten uns zurückziehen. Wir suchten unsere

Kompagnie und fanden sie in Sivry. Am 11. Oktober wurden wir nachts aus der Ortschaft herausgeschossen und biwakierten dann in Kälte und Nebel auf einer Höhe. Am Morgen wurden fünf Gruppen in Stellung befohlen, darunter auch die meinige. Doch bald lag auf der Stellung bis zurück zu den Zufahrtsstraßen schwerstes Trommelfeuer. Wir mußten uns zwischen den Feuerwellen durchwinden und erreichten ganz erschöpft die Kompagnie. Nun rückten wir dauernd rückwärts, machten immer wieder Drahtverhaue und bauten Pontonbrücken, meist im Artilleriefeuer. Bei Mouzon bauten wir über die Maas zwei Brücken. Am 7. November marschierten wir weiter nach Carignan. Dann bauten wir wieder Stellungen bis zum Tag des Waffenstillstands."

24. Dezember 1918. Die Silzheimer ziehen ihre Glocke, die zum Einschmelzen fort sollte, wieder auf den Turm. Alles freut sich, daß nun die Stunde wieder schlagen und mit zwei Glocken zum Gottesdienst geläutet werden kann.

25. Dezember 1918. Welch stille, herbe Weihnacht! Unsere Gedanken brauchen nicht mehr durch ferne Kriegsschauplätze zu schweifen wie in den vergangenen vier Jahren. Das über seine Ufer getretene Volk ist zurückgeströmt auf engeren Raum als zuvor. Geschlagen und gedemütigt, halten wir bittere Einkehr bei uns selbst. Vor der Weihnachtskrippe des Jahres 1918 lernen wir, uns in Selbstbescheidung unter den Armutsgedanken von Bethlehem zu beugen und die zurückgeschlagene Flamme, mit der wir eine Welt erleuchten wollten, in unsern Herzen zu sammeln, um daran unser eigenes Volk genesen zu lassen.

So ausgepumpt hat uns der Krieg, daß wir kaum ein Kinderspielzeug unter den Christbaum legen konnten. Unser Dreijähriger erhielt eine aus Stoffresten gefertigte Kuh, wir Großen erstanden einen halben Liter sauren Wein zu 4,40 Mark und versuchten daraus eine Art Punsch zu brauen.

August Baur ist an Krücken zurückgekommen. Er erzählt: „Ende Mai durchbrachen wir in der Champagne die feindlichen Stellungen und drangen bis Fismes vor. Unsere Verluste waren schwer; bei meinem Maschinengewehrtrupp waren wir von 45 Mann noch 2. Am 15. Juli sollte die Offensive weitergehen. Wir kamen vor bis an das Marneufer. Doch hier wendete sich das Glück. Die Franzosen waren zum Gegenangriff gerüstet, wir mußten zurück. Als wir wieder in der Nähe von Fismes waren, hatte ich eben einen Verwundeten zurückgetragen und im Unterstand abgeliefert, da traf mich ein Granatsplitter und zerschmetterte mir das linke Fußgelenk."

27. Dezember 1918. Gestern feierte die Dorfgemeinschaft die Heimkehr der Krieger: Vormittags feierlicher Gottesdienst, nachmittags Umzug der Kinder im Dorf, abends Begrüßung im Wirtshaussaal mit Weihnachts- und Heimatliedern, Gedichtvorträgen und Ansprachen. Die Krieger erhielten von der Gemeinde Braten und Würste, vom Wirt Bier und vom stellvertretenden Bürgermeister Zigarren. Die Zier des Christbaums und des Saales hatten die Mädchen besorgt. Es waren 26 heimgekehrte Krieger anwesend. Außer den vier Gefallenen vermißten wir: Alois Denzel, der in englischer Gefangenschaft ist, und Wilhelm Denzel, der zuletzt in Palästina stand.

Damit ist unser Dorf äußerlich wieder geschlossen. Sind aber die Menschen noch dieselben wie am 31. Juli 1914, als der Kriegsruf ins Dorf fiel? Nach all den aufwühlenden Erlebnissen draußen an der Front und herinnen im Wirtschaftskrieg? Als Brotzelle des Volkes wird das Dorf ja auch künftig weiterbestehen müssen. Welches Schicksal aber wird ihm bereitet sein als uralte Zelle deutschen Gemütslebens, deutscher Gläubigkeit, deutschen Naturempfindens, deutscher Heimatliebe?

31. Dezember 1918. Am letzten Tag dieses Jahres, das eine Welt, unsere Welt, zerbrochen hat, wenden wir den Blick über das kleine Dorf hinaus auf das große Volk, dessen Zukunft in tiefer Dunkelheit liegt. Wir stehen mitten im Gewirre und können keinen Schritt weit sehen. Bei dem vergeblichen Versuch, die Lage des deutschen Volkes zu begreifen, steigt eine Erinnerung in mir auf, die sich an einen kriegsblinden Lazarettgenossen, einen Berliner Transportarbeiter, knüpft, der mir eines Tages im Hof des Lazaretts von seinem Schicksal sprach. „Ja, Kamerad, so ist es mir ergangen", unterbrach er seine Leidensgeschichte und erhob sich, um nach der Sonne zu suchen. Groß und hager, den blaugestreiften Krankenmantel am Leib, eine rote Bettdecke über den Schultern, mit vorgebeugtem Haupt, die Arme ausgestreckt wie ein segnender Priester des Alten Testaments: so tastet er nach vorne. Seine Schläfen sind eingefallen, seine Augäpfel trübe wie erloschene Lichtkugeln am Heiligen Grab der Charwoche. „Ah, da ist sie!" ruft er, als seine Fingerspitzen ins Licht ragen, und läßt sich, ein trippelnder Greis, von der Sonne in ihre warmen, tröstlichen Arme ziehen. Ich rücke die Stühle nach, er greift nach der Lehne, betastet den Sitz und läßt sich vorsichtig nieder.

„Die gute Sonne!" Er nimmt die Mütze ab. „So kalt ist's in meinem Kopf, erst wenn ich die Sonne spüre, wird's warm."

Dann nimmt er den Faden seiner Geschichte wieder auf. „Nun

kam ich also ins Heimatlazarett. Die Fahrt ging im Lazarettzug durch Belgien. Ich hatte damals noch einen schwachen Schein vor einem Auge. Das andere war schon ganz erloschen. Es war Herbst und die Witterung milde. Ich lag am Fenster und fühlte die warme Luft. Als wir stundenlang schon gefahren waren, erkannte ich am dumpfen Rollen des Zuges, daß wir über eine große Brücke glitten. Der Rhein! riefen die Kameraden und ließen die noch geschlossenen Fenster herunter. Da hob auch ich meinen Kopf und schaute zum Fenster hinaus, um etwas vom Rhein zu sehen. Ich nahm alle Kraft zusammen. Nur irgend etwas wenn ich gesehen hätte: die Bewegung des Wassers, einen Umriß, eine Andeutung der Uferhöhen! Aber nichts, gar nichts; alles war zu weit weg! — Als der Rhein längst hinter uns war, habe ich die Hoffnung aufgegeben und mich in die Kissen zurückgelegt. Ich mußte daran denken, wie schön es beim Ausrücken anno 14 war, als wir über den Rhein fuhren! Und ich dachte an die erste Urlaubsfahrt anno 15, wie ich mich gefreut hatte auf den Rhein! Schon fast zu Hause hatte ich mich gefühlt, als wir damals über die Brücke fuhren.

Und jetzt?

Kamerad, das war so furchtbar hart, daß ich mir nicht mehr helfen konnte. Zum erstenmal mußte ich bitterlich weinen über mich und mein Elend. Und heute noch, wenn ich daran denke — nun ja!

Das machte mich so schwach, daß ich einschlief und erst am andern Tag im Lazarett wieder so recht zur Besinnung kam. Und diesen ersten Tag im Heimatlazarett, den werd' ich auch in meinem Leben nicht vergessen; es war nochmals ein schwerer. Meine Frau wußte noch gar nicht, wie schlecht es mit mir steht, man schreibt ja nicht gleich das Schlimmste heim. Um 3 Uhr nachmittags kam sie mich besuchen.

Da mußte ich es ihr sagen!

‚Mutter', sagte ich und nahm sie bei der Hand, ‚Mutter, wenn du so ganz dichte bei mir stehst, dann kann ich mit dem einen Auge noch einen Schimmer von dir sehen. Aber — es kommt der Tag, Mutter, wo auch dieser Schimmer weg ist.'

So mußte ich zu ihr sagen.

Da hat sie sich auf den Stuhl niedergelassen, der neben meinem Bette stand, und es wurde ganz stille im Zimmer. Die gute Mutter sagte gar nichts, aber ich merkte, wie ihre Hand zitterte und wie sie leise weinte.

Das war wohl eine bittere Stunde für sie. Aber es dauerte nicht zu lange, da stand sie auf, drückte mir die Hand und sagte: ‚Ja, Vater, es wird schon wieder recht werden!' — —

Da wurde mir das Herz leicht, Kamerad, und ich war froh, daß ich eine so tapfere Frau habe.

Am andern Tag kam sie wieder und da war es schon besser. Wir konnten nun schon dies und das zusammen besprechen.

Und nun wird es schon wieder werden. Wenn ich erst mal wieder feste beieinander bin, will ich ja wieder arbeiten gehen und wenn es nur sechs bis acht Stunden des Tages sind. Und Mutter ist immer tüchtig gewesen. Sie geht jetzt in die Munitionsfabrik und hilft dort in der Kantine kochen. Da verdient sie ganz schön. Und die Kinder sind auch heraus aus dem Gröbsten. Ich bekomme dann noch meine Rente dazu — Gott, dann ist es ja wieder gut! Und wenn man mal wieder in den gewohnten Verhältnissen lebt und die Bekannten von früher trifft, ist's auch besser. Ich habe gut gelebt mit meiner Frau, wir sind zusammen auch zum Vergnügen gegangen — warum soll das nicht wieder möglich sein? Sieh, Kamerad, mir ist nun nicht mehr bange."

So saßen wir an der Sonne, die er so sehnlich suchte.

Ich glaube, dieser blinde Sonnensucher hat auch den Weg zu jener andern Sonne, die ihm im ersten Unglückstaumel erloschen schien, längst wieder gefunden — den Weg zur Lebenssonne. Denn er hatte den Mut, auch bei Nacht auf die Suche zu gehen.

Dürfen wir hoffen, daß das deutsche Volk sich mit gleich stiller Kraft und gleich zähem Lebenswillen wie dieser eine seiner Söhne durch die Nacht seines Unglücks zu neuem Licht emporarbeitet?

Mit dieser schweren Frage an die Zukunft seien unsere Aufzeichnungen am Ende eines Weltgeschehens, dessen Werkzeuge wir waren, am Anfang einer neuen Zeit, deren Lichter wir noch nicht sehen, beschlossen.

www.ingramcontent.com/pod-product-compliance
Lightning Source LLC
LaVergne TN
LVHW042244300926
849161LV00003B/466